박재역의

맛있는 우리말 200

박재역의

맛있는 우리말 200

박재역 지음

글로벌콘텐츠

두서없이 떠난 우리말 산책

'먹다와 마시다의 차이는?', '유감과 사과는 같은 의미일까?', '좌포우혜(左脯右醯)인가, 좌포우해(左脯右醢)인가?', '쭈꾸미 샤브샤브인가, 주꾸미샤부샤부인가?'

일상에서 무심코 쓰는 말이지만 막상 질문을 받게 되면 대부분은 답변을 내기 전에 잠시 생각을 하게 되는 경우가 많다. 이처럼 다양한 일상의 언어를 주제 삼아 우리말 어법을 넘나들며 두서없이 우리말 산책을 떠나보려고 나섰다. 미리 주제를 정하지 않고 우리 곁에서 맴도는 우리말에 가까이 다가가려고 눈에 띄는 대로 주섬주섬 주워 담았다. 잠시 짬을 내면 가볍게 읽을 수 있도록 500자 내외의 간략한 글로 적어 나가기로 하고 시작했다.

누구에게나 마음이 있다. 마음을 달리 표현하면 가슴이고 머리이며, 배이기도 하다. 따지고 보면 마음속이나 가슴속, 머릿속, 뱃속이 같은 곳이기 때문이다. 마음에서 생각이 나오고 생각을 적으면 글이 된다. 마음은 누구에게나 있기에 생각 또한 누구나 할 수 있다. 그렇기에 글 또한 누구나 쓸 수 있다.

누구나 쓸 수 있는 게 글이지만 누구나 다 잘 쓸 수는 없는 게 또한 글이다. 잘 쓴 글은 읽는 이에게 재미와 감동을 준다. 그래서 글은 마음으로 쓴다는 말이 나오는 것이다. 마음으로 써서 감동을 주는 글이라 해도 기본 어법에 따라 쓴 글이 아니라면 결코 잘 쓴 글이라고 박수를 보낼 수는 없다. 글에도 품격인 '문격(文格)'이 있기 때문이다. 그런 뜻에서 글을 잘 쓰고 싶다는 이들에게 이 책이 작은 도움이라도 된다면 필자로서 그보다 더한 기쁨은 없을 것이다.

'맛있는 우리말'이라는 제목에 따라 달콤한 맛, 얼큰한 맛, 새콤한 맛, 쌉쌀한 맛, 칼칼한 맛, 매콤한 맛, 씁쓸한 맛으로 구분했다. 다양한 우리말의 말맛을 망라해 정리한 것으로 봐도 무방하다. '교열'이란 일을 천직으로 삼고 살아오면서 다양한 맛으로 필자에게 다가온 우리말을 받아들여 적은 글이라 제한적일 수 있다. 앞으로도 자료가 입수되는 대로 '맛있는 우리말' 작업은 계속 이어갈 것이다.

책 마지막 부분에 찾아보기(색인)를 달았다. 읽으시는 분이 필요한 내용을 좀 더 빠르고 쉽게 찾아볼 수 있도록 하려는 필자의 작은 배려로 생각해 주시면 좋겠다.

이 책에 수록한 글은 대부분 '스카이데일리'에서 2022년 9월부터 2023년 6월까지 '박재역의 맛있는 우리말'로 연재한 칼럼을 다시 다듬어 실었음을 밝힌다. 칼럼 연재를 제의하신 조정진 스카이데일리 대표께 감사를 드린다. 필자의 졸저 '교열기자의 오답노트'와 '다 쓴 글도 다시 보자'에 이어 세 번째 출간까지 맡아주신 홍정표 글로벌콘텐츠 대표께도 감사드린다. 교열사가 쓴 글을 정밀하게 교열한 대단한 애제자 박신아 본헤럴드 기자와 문법을 검토한 사랑하는 딸 나랑이에게도 감사의 마음을 전한다. 이들이 아니었으면 결코 책으로 나올 수 없었기에 이들의 고마움을 평생의 은혜로 삼아 기억하려고 한다.

끝으로 이 책을 출간하면서 소박한 기대가 하나 더 있다면 그저 '아하!', '그렇구나!', '이거였구나!' 하는 읽는 이의 감탄사일 것이다.

2023년 8월
청계천 여울 곁에서 박재역

●●●●●●

목/차/

● **프롤로그**_두서없이 떠난 우리말 산책 · 4

I. 달콤한 우리말

- '가물'과 '가뭄'은 명사, '가묾'은 명사형 · 20
- 관형사 '각(各)'과 부사 '각각(各各)' · 21
- '뇌전증'과 '한센병', '조현병' · 22
- '감탄사'에 감탄하다 · 23
- '갱의실'일까, '경의실'일까? · 24
- '게으르다'와 '개으르다'의 차이 · 25
- '계시다'는 동사, '있으시다'는 형용사 · 26
- '고마움', '반가움', '즐거움'이 곧 행복 · 27
- '주(株)'나 '본(本)'은 '그루'나 '포기'로 · 28
- '금판때기'와 '상판대기' · 29
- 남성 어르신은 '노존', 여성은 '노파' · 30

● '및', '대', '겸', '내지' • 31

● '죽다'의 다른 말 • 32

● '두덩'과 '두둑', '두렁', '둔덕' • 33

● '마시다'와 '먹다'의 차이 • 34

● 만두에는 '만두소', 찐빵에는 '팥소' • 35

● '망고하다', '수박하다', '자몽하다' • 36

● '명란'은 알, '창난'은 창자 • 37

● 물이 돌면 '물돌이', 해가 돌면 '해돌이' • 38

● '가마때기' 취급하고 '가마떼기'로 팔고 • 39

● 배 안에는 '배안'이 있고 가슴 안에는 '가슴안'이 있다? • 40

● '예초'는 풀베기, '벌초'는 무덤의 풀베기 • 41

● 망아리는 '망울'로, 멍우리는 '멍울'로 • 42

● '분수'를 모르면 '푼수' • 43

● 빛을 '비추면' 빛이 '비친다' • 44

● '상고대'는 서리, '눈꽃'은 눈 • 45

● '접수하다'와 '접수시키다'는 반대말? • 46

● 시도 때도 없이 쓰이는 '시'와 '때' • 47

● '쏫흦' 한 '흙'이라도 '薿' 주워라 • 48

● '솜방망이 식' 처벌이 '나라 꼴' 망친다 • 49

● 알면서 '알은체', 모르면서 '아는 체' • 50

● 하이브리드 '애통하다' • 51

● 어안이 벙벙하고 어이없고 어처구니없는 일 • 52

● '얼간이'의 반대말은 '얼찬이' • 53

● '오리'를 보고 '십리'를 간다 • 54

● 웃픈 표정, 무표정, 포커페이스 • 55

● 지옥의 깊이 2,962,842,624km? • 56

● 참참참참 • 57

● '천엽', '처녑', '백엽' 모두 표준어 • 58

● '팔초어'와 '소팔초어', '대팔초어' • 59

● 추석빔, 단오빔, 설빔의 '빔' • 60

● '친손주'면 어떻고 '청량리아이'면 어떠랴 • 61

● 놀란 '토끼눈', 까만 '머루눈' • 62

● '톱'으로 '톺다' • 63

● '파각파각'은 '의성의태어' • 64

● '퍼센트'와 '퍼센트포인트' • 65

● '풍문'으로 들었소 • 66

● 사람은 '헹가래', 눈은 '눈가래' • 67

● '흑장미'는 검붉은 장미 • 68

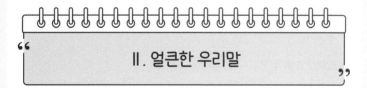

" Ⅱ. 얼큰한 우리말 "

● '것'의 변신, '-거-게-건-걸' • 72

● '알타리무'를 '거러마이'에 넣고 • 73

● 소매는 '걷어붙이고', 옷은 '벗어부치고' • 74

● 고삼병, 'ㄱ-ㅅ-ㅂ' • 75

● '금(金)' 자 모양의 '피라미드' • 76

● 쓸 수 없는 표현 '길리운', '졸리운', '불리운' • 77

● 부드러운 '껍질'과 딱딱한 '껍데기' • 78

● 낳으면 나을 거야 • 79

● 온수를 '들이켜면' 딸꾹질이 멈춘다? • 80

● '돌짐승'도 짐승? • 81

● 건배사 '따삐빠' • 82

● 홍어찜을 '먹었었다' • 83

● 생일에 끓여먹는 '멱국' • 84

● 바나나와 파인애플은 '과일'이 아니다? • 85

● '부실'과 '찻잔'은 규칙의 예외? • 86

● 금강산에서 체험한 '북한어' • 87

● '새서방'은 신랑, '샛서방'은 내연남 • 88

● '암수' 다음엔 '돼-캐-닭-탕' • 89

● '순댓국+밥'? '순대+국밥'? • 90

● 손이 '시려워' 꽁, 발이 '시려워' 꽁 • 91

● 가리키는 말과 부르는 말 '씨', '님', '자' • 92

● 우셋거리의 '거리', 새벽녘의 '녘' • 93

● 접미사 놀음 '작렬', '파열', '균열' • 94

● 어떻게 발음할까? '전문의의 의술' • 96

● '전셋값'과 '전세금' • 96

● 줄어드는 '준말'과 '약어', '축약' • 97

● 어린 시절 경험 '천렵'과 '서리' • 99

● 학여울은 '하겨울', '항녀울'? • 99

● 접미사 '하다'와 '시키다' • 100

● 윗사람에게도 '명령'이 가능하다? • 101

● '함께하고' '같이하는' 삶 • 102

● '화나도' '화내지' 말자 • 103

III. 새콤한 우리말

● 접사 '-대다'와 보조동사 '-어 대다' • 106

● '꿈같은' 띄어쓰기 • 107

● 시간의 길이 '동안' • 108

● '만큼'의 세 얼굴 • 109

● '먹어보다'와 '먹어지다'의 띄어쓰기 • 110

● '못다 한' 사랑? '못 다한' 사랑? • 111

● '띄어쓰기'의 함정 • 112

● 까마귀의 효행 '안갚음' • 113

● '지'와 '만', '간', '데'의 두 얼굴 • 114

● '잘/안/못'과 '하다/되다'의 띄어쓰기 • 115

● '재수 없으면' 오래 산다? • 116

● 전(前)과 후(後), '전후', '전전', '후후' • 117

● '차(次)'와 '호(號)'의 띄어쓰기 • 118

● 도심에서 '울어 젖히는' 개구리 떼 • 119

IV. 쌉쌀한 우리말

● '가나까지' 12,779km • 122

● 부자연스러운 복합조사 '과의, 에의, 에서의' • 123

● 참 좋구먼그래! • 124

● 쪼까 꼬깝쏘! • 125

● '미흡하나마'와 '미흡하게나마'의 형태소 분석 • 126

● '대요'와 '데요'의 구분 • 127

● 연결어미 '더라면'과 '더니' • 128

● 준말 '돼요'와 '봬요', '쐐요' • 129

● 원숭이 엉덩이는 '빨개'? • 130

● '뿐', '만큼', '대로'의 이중성 • 131

● 알 '듯' 모를 '듯' • 132

● '나에게', '나한테', '나더러', '나보고' 얘기해! • 133

● 헷갈리는 '은/는'과 '이/가' • 134

● 겨우 '10년밖에', 무려 '10년이나' • 135

● 유일하게 활용되는 조사 '이다' • 136

● 서술어 '아니오', 감탄사 '아니요' • 137

● 셋방 '있음'? 셋방 '있슴'? • 138

● 간접인용 '하라'와 직접인용 '해라' • 139

● '하래야' 하고, '하려야' 할 수 없고 • 140

● 헉! 이게 모두 '조사'? • 141

● 동사의 절친 '니은(ㄴ)' • 142

V. 칼칼한 우리말

● 'have, get, take'는 모두 '가지다'? • 146

● 피해야 하는 표현 '누구에게 공유하다' • 147

● 굳이 여성이라고 밝히는 대명사 '그녀' • 148

● 표준어 '너덧, 네댓', 비표준어 '너댓' • 149

● 이중피동형 '놓여지다' • 150

● 원인으로 '말미암아', 이유로 '인해' • 151

● '안성맞춤'은 안성에서 '맞춤' • 152

● '부모'를 높여 이르는 말 • 153

● 돌아가신 '내 아버지'는 '선친' • 154

● 라면은 '불음', 얼굴은 '부음' • 155

● '세 살' 버릇과 '100세' 인생 • 156

● 감히 '선영'에 묻혀? • 157

● '수도권'은 서울, 인천, 경기 • 158

● '수입'이란 지역은 없다! • 159

● 보고 '싶은' 친구를 만나고 '싶어 했던' • 160

● 잘못 쓰이는 '역임(歷任)' · 161

● 짝이 있는 말 '연어, 관용어, 공기' · 162

● '유감'은 사과가 아니다 · 163

● '접목시키다'는 '접목하다'로 · 164

● '자문'은 받거나 구하는 게 아니다 · 165

● 저는 '박가'입니다 · 166

● 가려 써야 하는 '전망'과 '기여' · 167

● 비문의 주범 '전망이다'와 '전망되다' · 168

● 어이없는 준말 '제·개정', '확·포장', '취·등록세' · 169

● '제공해 주다'는 겹말 · 170

● 비논리 표현 '증감률, 고난이도, 승부욕' · 171

● '진위'는 '여부'와 어울리지 않는다 · 172

● 숫자 표기는 '만 단위'로 · 173

● 단어가 겹치는 '첩어', 의미가 겹치는 '겹말' · 174

● 화재로 '초토화', 못 쓰게 된 '쑥대밭' · 175

● '최고' 부자는 오직 한 사람 · 176

● '침묵'의 소리 · 177

● '피우다'를 '피다'로 줄여? · 178

● 전쟁은 '피란', 재난은 '피난' · 179

● 줄면 줄수록 문장이 간결해지는 '-들' · 180

● 자식의 의무 '효도', 손주의 의무 '공경' · 181

● '행복한 하루가 되세요'라고 할 수 없는 이유 · 182

● '회자되다'와 '입에 오르내리다' · 183

VI. 매콤한 사자성어

● 제대로 쓰면 유용한 '사자성어' · 186

● '견강부회'와 '아전인수'의 차이 · 187

● '과유불급'이 필요한 습관 · 188

● '영서연설'과 '부주의 맹시' · 189

● '십시일반'이 '일시십반'으로 · 190

● 무모한 모험 '입화습률' · 191

● 좌포우혜? 좌포우해? · 192

● '줄탁동시'로 부화하는 병아리 · 193

● 본보기와 다른 뜻 '타산지석' · 194

VII. 개운한 우리말

● 문장 한통치기 '4-5-6-7-8' · 198

● '교열'과 '윤문' 이해 · 199

● 문서 교열에 유용한 '단축키' · 200

● '더 이상'과 '필요로 하다' · 201

● 된장찌개로 익히는 '사이시옷' · 202

● '등'과 '등등'의 이해 · 203

● 세 가지 규칙 '따이거' · 204

● 부정 표현 '못 먹다'와 '먹지 못하다' · 205

● '안 맞다'는 '맞다'의 반대말이 아니다 · 206

● '리을(ㄹ)'의 특징 '수줍음'과 '우애' · 207

● 독자를 편안하게 '자연스러운 표현' · 208

● 한 '쌍'과 한 '짝' · 209

● 아 해 다르고 어 해 다르다 · 210

● '글말'보다 '입말'이 우선 · 211

● '종교용어' 유감 · 212

● '중의성' 표현은 '단의성' 표현으로 · 213

● '평등'한 세상과 '공평'한 세상 · 214

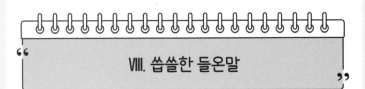

" VIII. 씁쓸한 들온말 "

● '그라포포비아'가 '그라포필리아'로 · 218

● 금각사(金閣寺), 은각사(銀閣寺) 모두 '긴카쿠지'? · 219

● 기시감 '데자뷔'와 미시감 '자메뷔' · 220

● '딜레마'에서 '멀티레마'까지 · 221

● '차일드 락', '라커', '락밴드'? • 222

● 엘(L)은 'ㄹㄹ'로 표기해야 • 223

● 마르틴 '루터'와 마틴 '루서' 킹 • 224

● '베이비부머', '베이비붐세대' • 225

● 'R'의 발음은 '알', '아르'? • 226

● '아울렛', '샤브샤브', '캐피탈'도 언젠간 표준어? • 227

● 교열은 '옳음'보다 '바름'을 지향한다 • 228

● Indian은 '인디안'? '인디언'? • 229

● 바른 접사 '정보량', '데이터양', '쓰레기양' • 230

● 음식 이름 '주꾸미샤부샤부' • 231

● 아직도 '컨퍼런스'? • 232

● 텀블러의 순화어 '통컵'? • 233

● '나라 이름'과 '수도' 표기 • 234

● '카센터'를 순화하면? • 235

● **에필로그_**맛있는 우리말 • 236

● **찾아보기** • 238

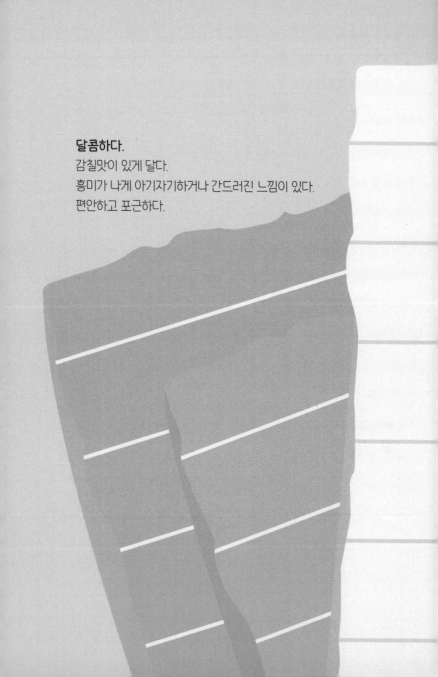

달콤하다.
감칠맛이 있게 달다.
흥미가 나게 아기자기하거나 간드러진 느낌이 있다.
편안하고 포근하다.

I. 달콤한 우리말

맛	있	는			
			우	리	말

'가물'과 '가뭄'은 명사, '가묾'은 명사형

'가물다'의 '가'와 '물'은 모두 '해(태양)'의 뜻을 지녔다는 것이 서정범의 어원 분석이다. 해가 거듭 쬐는 현상을 '가물다'라고 표현한다는 것이다. '가물다'의 명사로는 **'가물'**과 **'가뭄'** 두 가지가 복수표준어로 쓰인다. '올해는 가뭄이 심했다'도 가능하고 '올해는 가물이 심했다'도 가능한 표현이다.

그런데 명사가 아니라 '명사형'으로 쓰이게 되면 가물다의 어간 '가물-'이 전성어미 '-ㅁ'과 결합해 **'가묾'**이 된다. 예를 들면 '올해는 가뭄이 들었다'의 가뭄은 명사이고 '올해는 날이 많이 가묾에 따라 농산물 가격이 오를 것으로 예상된다'라는 문장에서 '가묾'은 명사형이라는 말이다. 따라서 가뭄과 가물, 가묾은 모두 표준어에 해당한다.

비슷한 예로 '웃음'이 있다. 기본형 '웃다'의 어근 '웃-'이 접미사 '-음'과 결합하면 '웃음이 헤프다'처럼 명사로 쓰이고 어간 '웃-'이 전성어미 '-음'과 결합하면 '그는 자주 웃음으로써 긍정적이라는 평가를 받는다'처럼 명사형으로 쓰인다. 명사는 어근+접사로, 명사형은 어간+전성어미로 형태소 분석이 가능하다.

관형사 '각(各)'과 부사 '각각(各各)'

'이번 체험단의 대상 학생은 각 학교별 1명씩이며 남녀 각 2명씩 이내로 선발한다.'

뭔가 좀 복잡하고 어색한 문장이다. 눈에 거슬리는 표현이라면 '각 학교별 1명씩'과 '각 2명씩 이내'일 것이다. 이 부분이 오류로 보인다면 수준급이다.

'각(各)'은 관형사 자격으로 뒤따르는 체언을 꾸미는 기능을 한다. 그러나 **'각각(各各)'**은 부사 자격으로 뒤따르는 용언 등을 꾸미는 기능을 한다. 그런데 이 두 어휘를 사용하게 되면 접사인 '-별'이나 '-씩'을 동반할 필요가 없다. 같이 쓰면 겹말 표현으로 교열 대상이 된다.

앞서 제시한 예문에서 '각 학교별 1명씩'은 '각 학교 1명' 또는 '학교별 1명'으로, '각 2명씩 이내'는 '각각 2명 이내'로 써야 바른 표현이다. '각'을 써야 할 자리와 '각각'을 써야 할 자리는 다르다. 문법이다. 이참에 '각'과 결합해 각기(各其), 각종(各種), 각자(各自), 각국(各國), 각론(各論)처럼 복합어로 쓰이는 경우가 있다는 점도 알아두기를 권한다.

'뇌전증'과 '한센병', '조현병'

시골에 살았던 베이비부머라면 어린 시절 배가 많이 고팠던 기억이 있을 것이다. 그 시절 가을철이면 선산에서 묘제(墓祭) 지내는 어른들을 따라다녔다. 음복(飮福)할 때 다양한 음식을 받아 즐기기 위해서였다. 너무 작게 썰어 감질나긴 했지만 그 시대 제철 군것질로는 그만이었다.

'감질나다'는 '바라는 정도에 아주 못 미쳐 애가 타다'라는 뜻으로 쓰인다. 물론 **감질(疳疾)**이란 병명에서 온 말이다. 어린아이가 음식 조절을 잘못하여 생긴 이 병은 배가 부른데도 먹고 싶은 욕구가 생기고, 먹고 싶으나 먹지 못해 애태우는 증상이라고 한다. 간혹 '감질'을 '간질'로 착각하는 경우가 있는데 이는 잘못이다.

'간질병'은 **'뇌전증'**으로 순화해 쓰인다. 이처럼 어감이 그리 좋지 않은 병명을 순화해 사용하도록 권하는 사례가 있는데 '나병'을 **'한센병'**으로, '정신분열증'을 **'조현병'**으로 순화한 경우이다. 그런가 하면 '치매'를 '인지흐림증'이나 '인지저하증' 등으로 병명을 개정하는 법안이 발의된 적도 있다.

'감탄사'에 감탄하다

중학교 1학년을 갓 마친 딸이 식탁에서 엄마에게 물었다. "엄마, '예'와 '아니요'의 품사가 뭐야?" 분명히 '엄마는 모를걸' 하는 속셈을 품은 물음이었기에 얄미웠다는 고백을 들었다. 그 아이, 필자에게 몇 개월간 문법을 집중적으로 배운 아이였다.

대답할 때 부정과 긍정을 나타내는 **'예'**와 **'아니요(아니오×)'**는 감탄사이다. 또 다른 감탄사로 아기를 어르고 달랠 때 쓰는 **'까꿍'**, **'죔죔'**, **'곤지곤지'** 등이 있다.

'여보게', **'여봐요'**, **'여보소'** 같은 부름말이나 **'워리'**(개), **'오요요'**(강아지), **'둬둬둬'**(돼지) 같은 동물 부름말 역시 감탄사이다.

탄식하면서 쓰는 **'아이고(애고)'**, **'아이고머니(애고머니)'**나 놀릴 때 쓰이는 **'알나리깔나리(얼레리꼴레리×)'**도 감탄사이다.

물론 **'레디고'**, **'브라보'**, **'컷'**, **'파이팅'** 같은 외래어 감탄사도 있다. 그런데 **'빠이빠이'**는 어린아이가 헤어질 때 하는 인사말로, **'아이스케키'**는 어린아이들이 장난으로 여자아이의 치마를 들추며 내는 소리로 모두 감탄사이다.

'갱의실'일까, '경의실'일까?

100m 경주 등 필드경기에서는 '신기록'이란 용어를 쓰지만 마라톤 경기에서는 '신기록' 대신 '최고기록'이란 용어를 쓴다. 마라톤 코스의 조건이나 구성이 각각 다른 환경에서 치러지는 경기이기에 기록경쟁의 공정성을 인정하기 어렵기 때문이라는 것이다.

아무튼 최고기록을 갈아치우면 기록을 '경신'하는 것이다. 한 자 **'更新'**은 **'갱신'**과 **'경신'** 둘 다 가능하다. 다만 쓰임이 다를 뿐이다. 계약이나 면허증, 자격증 등 기간을 연장할 경우에는 '갱신'이 적합하고 마라톤 최고기록처럼 최고치를 깨뜨리는 경우는 '경신'이 적합하다.

그러나 '옷을 갈아입는 방'은 '갱의실'일까, '경의실'일까 아니면 둘 다 가능한 용어인가? 표준국어대사전에는 '갱의(更衣)'라는 말은 없고 '경의(更衣)'만 있다. 그리고 '갱의실(更衣室)'을 비표준어로 제시하고 있고 **'경의실(更衣室)'**을 표준어로 삼았다. 또한 기존 예산을 변경해 추가로 이뤄지는 예산은 '추가갱정(更正)예산안'이 아니라 **'추가경정(更正)예산안'**이다.

'게으르다'와 '개으르다'의 차이

"게으른 선비 책장 넘기기"란 속담이 있다. 책을 많이 읽어야 한다는 선비의 부담이 드러나는 속담이다. '게으르다'와 '개으르다'가 입말에서는 구분해 발음하기가 어렵다. 다만 글말에서는 구분해 사용할 필요가 있다. 현재 사전에서는 두 단어의 의미를 거의 같이 풀이하고 있으나 실상은 가벼운 차이가 있다.

실제 다른 사람이 나무랄 수 있을 만큼 부지런하지 못하다는 의미의 '게으르다'와 달리 **'개으르다'**는 '스스로 부지런하지 못하다'는 의미로 상대방을 배려하는 겸양의 뜻을 담아 쓸 때 적절한 단어이다. "제가 개을러서 자주 찾아뵙지 못해 죄송합니다."처럼 말이다.

모양은 비슷하지만 의미가 다른 단어로 **폄하(貶下)**와 **폄훼(貶毀)**가 있다. 단순히 '깎아내리다'는 의미로는 폄하가 적절하지만 '깎아내려 훼손하다'까지 발전하는 표현이라면 폄훼가 어울린다. 또 금슬과 금실은 같은 한자어 '琴瑟'에서 온 말이지만 달리 쓰인다. **금슬**은 '거문고와 비파'를, **금실**은 '부부간의 사랑'을 뜻하는 표현으로 변한 말이다.

'계시다'는 동사, '있으시다'는 형용사

'있다, 없다, 계시다'가 존재사로도 불리지만 학교문법에서는 독립 품사로 인정하지 않는다. **'있다'**가 '존재'의 뜻으로 쓰이면 동사이고 '소유'의 뜻으로 쓰이면 형용사이다. '없다'는 형용사로 분류된다. '계시다'는 '있다(동사)'의 높임말이다.

'있다'가 동사(존재)이면 높임말은 **'계시다'**이고 형용사(소유)이면 **'있으시다'**가 된다. 예를 들면 대우법에서 '선생님께서 집에 계십니까?'가 바른 표현이다. 또 '선생님께 따님이 있으십니까?'가 바른 표현이다. 이처럼 높임의 대상과 관계있는 인물이나 소유물 등을 높이는 간접높임은 '있으시다'이다. 형용사(소유) '있다'의 높임 표현이다.

한편 '조금 지난 뒤에'를 뜻하는 **'있다가'**와 **'이따가'**는 쓰임에 차이가 있다. '이따가'는 '있다'의 옛말 '잇다'의 어간 '잇-'에 어미 '-다가'가 결합되어 '잇다가→이따가'로 변한 말이다. 이 두 표현의 차이는 이렇다. "언제 오니?" "이따가(잠시 뒤에)." "이따가 언제?" "한 시간만 있다가(머물다가)."

'고마움', '반가움', '즐거움'이 곧 행복

나이 들어 쓸 돈 없고, 건강 잃고, 찾아주는 이 없으면 밀려오는 마음은 주로 서러움, 두려움, 그리움이다. 이 말을 뒤집으면 젊을 때부터 열심히 벌고, 건강 잘 챙기고, 인간관계에 틈이 없어야 한다는 것이다. **서러움, 두려움, 그리움**을 **고마움, 반가움, 즐거움**으로 승화할 수 있다면 좋으련만….

우리말에서 '움'으로 끝나는 복합어 중에는 '더러움, 무서움, 두려움, 싸움, 서러움, 아쉬움, 어두움, 어려움, 노여움, 괴로움'처럼 부정적인 마음이나 상태를 나타내는 말이 훨씬 많다. 그런데 몇 안 되긴 하지만 긍정적인 표현도 있다. 바로 '고마움, 반가움, 즐거움'이다.

용언이 명사 구실을 하도록 만드는 기능은 접사와 어미가 한다. '고마움'은 '고맙다'가 비읍불규칙에 따라 '고마+우+ㅁ'의 구조를 이룬다. 이때 미음(ㅁ)은 명사를 만드는 접미사이다. 그러나 '사나움'은 '사나+우+ㅁ'의 구조로, 이때 미음(ㅁ)은 명사형을 만드는 어미 구실을 한다. 명사형은 사전에 올라 있지 않다.

'주(株)'나 '본(本)'은 '그루'나 '포기'로

경기도 포천의 캠핑장에서 하룻밤을 보낸 적이 있다. 캠핑장 진입로 좌우편에 하늘을 찌를 듯 줄지어 선 수백 **그루**의 메타세쿼이아가 압권이었다. 수목을 세는 단위는 한자어로 '주(株)'나 '본(本)'을 쓰기도 하지만 '소나무 5그루, 백합 다섯 포기'처럼 고유어 **'그루'**나 **'포기'**로 쓰는 것이 바람직하다.

'다세대주택 200호'처럼 집을 세는 단위 '호(戶)'는 **'채'**로 고쳐 쓰는 게 좋고, '200세대'처럼 주거와 생계를 같이하는 사람의 집단을 세는 단위 '세대(世代)'는 비록 고유어는 아니지만 **'가구(家口)'**로 고쳐 쓰면 좋을 것이다. 법적 제약을 받는 단위 '평(坪)'은 **제곱미터(㎡)**로 쓰도록 하고 있는데 '평방미터'는 전 용어이므로 표준어에 해당하지 않는다.

문장에서 미국 화폐단위를 '불(弗)' 또는 화폐기호($)로 쓰는 경우가 많다. 미국 화폐이면 굳이 '미국달러'로 쓰지 않고 **'달러'**만 써도 된다. 하지만 다른 나라의 달러이면 '홍콩달러, 캐나다달러, 싱가포르달러'처럼 나라 이름을 붙여 써야 한다.

'금판때기'와 '상판대기'

'때기'는 '비하'의 뜻을 더하는 접미사이다. 따라서 '배, 귀, 볼, 이불, 송판, 표'에 접미사 '-때기'를 붙여 **'배때기, 귀때기, 볼때기, 이불때기, 송판때기, 표때기'** 등으로 쓰인다. 따라서 '판(板)'은 **'판때기'**가 되고 '금(金)'은 **'금판때기'**가 된다. 그런데 '판때기'는 '널빤지'를 속되게 이르는 표현(속어)이다. 그렇다고 해서 '금판때기'를 '금널빤지'로 쓰지는 않는다.

그렇다면 얼굴의 속어도 '상판때기'일까? 아니다, **'상판대기'**가 표준어이다. 그러면 상판대기의 '대기'는 접사일까 아닐까? 현재 표준국어대사전 표제어에는 '대기'가 접미사로 올라 있지 않다. '판대기'는 '판때기'의 비표준어이다. 그래서 '금판때기', '널판때기', '송판때기'는 모두 '판때기'인데 '상판대기'에만 비표준어 '판대기'가 결합돼 쓰인다.

'대기'는 얼굴의 속어로만 쓰인다는 게 특징이라면 특징이다. 바로 **상판대기, 낯바대기, 면싸대기, 얼굴바대기**만 표준어로 올라 있기 때문에 하는 말이다.

남성 어르신은 '노존', 여성은 '노파'

노인(老人)의 은어는 **'꼰대'**이고 비칭은 **'영감탱이'**, **'할망구'**이며 존칭은 **'노존(老尊)'**, **'노야(老爺)'**, **'노옹(老翁)'** 등이다. 노옹의 상대어인 여성 노인의 존칭은? 물론 존칭으로 들리지는 않겠지만 **'노파(老婆)'**이다.

노인을 보고 "노인님!" 또는 "노존!"이라고 부르지 않고 "할아버지!" 또는 "할머니!"라고 부른다. 노인의 지칭(가리키는 말)이면서 호칭(부르는 말)이기에 그렇다. 그런데 노인 자신은 손주가 아닌 다른 사람에게 할아버지나 할머니로 불리는 것을 달가워하지 않는다. 왠지 '늙은이'로 들리는 게 싫어서 그런지 모른다. 그래서 요즘 들어 통용되는 지칭이나 호칭이 **'어르신'**이다. 부르는 이나 듣는 이 서로에게 무난한 말이라고 생각한다.

업신여겨 낮추거나 속되게 이르는 지칭이나 호칭은 고쳐 사용하는 것이 마땅하다. 몇 가지 예를 들면 **환경미화원**(←청소부), **장애인**(←비정상인), **한센인**(←나환자), **뇌전증**(←간질병), **홀몸노인**(←독거노인), **환경**(←폐경), **타계**(←사망) 등이 있다.

'및', '대', '겸', '내지'

너무도 못생긴 한 여자가 세상 모든 남자에게 따돌림을 당하자 이를 비관해 자살을 결심한다. 그 여자가 죽기 전 마지막으로 빌었던 소원은 "세상 모든 남자와 키스하고 싶다."였다. 그 여자가 묻힌 자리에서 풀이 한 포기 돋았는데 그게 바로 '담배'였다고 한다. 멕시코 원주민의 전설로 소개되는 이야기이다.

과거 군대에서 군인들에게 공급했던 필터 없는 '화랑' 담배를 전차라고 불렀다. 그 옛날 앞뒤 없이 다니던 전차에 빗대 표현한 것이라 생각했다. 어느 날 앞뒤 어디에도 붙은 것이 없는 형태소 몇 가지가 눈에 들어온 뒤부터 필자도 그 전차를 생각했다. 그 몇 가지가 바로 **'및, 대, 겸, 내지'**이다. 이 네 가지는 앞뒤에 붙여 쓰이는 다른 형태소가 없다.

'수입 **및** 수출', '한국 팀 **대** 미국 팀', '이사장 **겸** 총장', '등록금 **내지** 생활비'처럼 네 가지 모두 앞뒤로 띄어 쓴다. 여기서 '및'과 '내지'는 부사이고, '대'와 '겸'은 의존명사이다. 또 내지는 '17세 **내지** 19세는 하이틴'처럼 구간을 나타낼 때도 쓰인다.

'죽다'의 다른 말

'살다'의 명사는 '삶'이다. '살다'의 반대말은 '죽다'이며 명사는 '죽음'이다. '살다'나 '삶'의 비슷한 말은 달리 없으나 '죽다'나 '죽음'의 비슷한 말은 많다. 예를 들면 숨지다, 영면하다, 잠들다, 별세하다, 세상을 뜨다, 이슬로 사라지다, 운명하다, 돌아가다 등은 '죽다'를 완곡하게 표현하는 말이다.

붕어/승하하다(임금), **서거하다**(국가원수 등), **타계하다**(예술인 등 귀인)처럼 대상에 따라 달리 부르는 경우도 있고 **소천하다**(기독교), **선종하다**(가톨릭), **열반/입적하다**(불교), **반진하다**(도교)처럼 종교에 따라 달리 부르기도 한다.

돌다와 가다가 결합돼 쓰이는 '돌아가다'는 띄어쓰기에 따라 합성동사, 이중동사, 보조동사로 구분된다. 어미 '-서'를 넣어 어울리면 이중동사로 보면 된다. '돌아-' 뒤에 어미 '-서'를 넣어 어울리면 이중동사이다.

①할아버지는 지난해에 **돌아가셨다**.(합성동사)
②지름길을 두고 먼 길을 **돌아(서) 갔다**.(이중동사)
③하교 후 집으로 **돌아 갔다/돌아갔다**.(보조동사)

'두덩'과 '두둑', '두렁', '둔덕'

'논둑 밭둑 지나서 옥수수밭 지나서 오솔길을 지나면 오막살이 초가집….'

어릴 때 많이 불렀던 동요 '시골집'의 가사다. 이 가사에 나오는 논둑, 밭둑의 **'둑'**은 한마디로 물막이 기능을 하는 일종의 시설이다. 논둑이나 밭둑의 위쪽 가장자리 부분을 **'두렁'**이라 하는데 지금은 **'두둑'**도 같은 의미로 쓰인다.

그러나 원래 두렁과 두둑은 같은 말이 아니었다. 두렁은 논이나 밭 가장자리 두둑하게 만든 일종의 울타리를 가리키는 반면에 두둑은 '고랑'의 상대어로 쓰였다. 논밭을 가르마처럼 골을 타면 불쑥 올라온 부분이 두둑이고, 움푹 파인 부분이 고랑이다. 농부는 고랑으로 다니며 두둑에 씨를 뿌리거나 모종을 심고 곡식을 가꾼다.

한편 '두덩'은 가장자리의 두두룩한 부분을 가리키는데 눈언저리의 도드라진 부분을 '눈두덩'이라 한다. 그 외 '둔덕'은 가운데가 불룩 솟은 언덕을 가리키는데 우물가 '우물둔덕', 풀이 무성한 '풀둔덕'을 예로 들 수 있다. 둔덕은 제주의 '오름'과 비슷하거나 작은 규모로 이해하면 된다.

'마시다'와 '먹다'의 차이

'죽을 먹다'와 '죽을 마시다' 중 어떤 표현이 맞는 걸까? 또 '술을 먹다'와 '술을 마시다' 중 어떤 표현이 맞는 걸까?

중국 사람은 아무리 된 죽이라도 무조건 '죽을 마신다(喝粥: 허저우)'라고 하지 '죽을 먹는다(吃粥: 츠저우)'라고 하지는 않는다. 우리나라 사람들은 '죽을 먹는다'라고 하지 '죽을 마신다'라고 하지는 않는다. '식은 죽 먹기'라고 하지 '식은 죽 마시기'로는 쓰이지 않는다.

우리말에서 사람의 목구멍으로 음식을 삼키는 것을 '먹다'와 '마시다'로 나누어 표현한다. **'마시다'**는 액체를 목구멍으로 넘기거나 기체를 코로 넘기는 것을, **'먹다'**는 액체든 고체든 목구멍으로 넘기는 것을 통칭하는 동사이다. 따라서 '마시는 음식'은 모두 '먹다'가 가능하지만 '먹는 음식'은 모두 '마시다'로 쓸 수 없다. 죽은 '먹다'만 가능하고 술은 '먹다'와 '마시다' 모두 가능하다는 말이다.

그런데 '마시다'와 '먹다'의 높임말은 **'드시다'**와 **'잡수시다'**로 같다. 다만 '드시다'보다 '잡수시다'가 더 높임말이다.

만두에는 '만두소', 찐빵에는 '팥소'

우리나라에 '앙꼬 없는 찐빵'이 있다면 중국에는 '만두소 없는 만두'가 있다. 바로 '만터우(饅头)'이다. 만두라기보다는 '소 없는 찐빵'이 더 어울리는 표현일지 모른다. 만두소 있는 만두는 '바오쯔(包子)'인데 이 음식 역시 찐빵에 가깝다. 만두피가 아주 두껍기 때문이다. 역시 만두소가 있는 '자오쯔(饺子)'가 우리에게 친숙한 만두이다.

송편이나 만두, 김치 속에 넣는 재료를 통틀어 '**소**'라고 한다. 소는 음식에 따라 떡에 넣는 것은 '떡소', 만두에 넣는 것은 '만두소', 김치에 넣는 것은 '김칫소'라 부른다. 또 소의 재료에 따라 '고기소', '깨소', '꿀소', '밤소', '양념소', '콩소', '팥소' 등으로 다양하다.

특히 만두소로는 고기나 김치, 새우, 채소는 물론이고 꿩고기나 술지게미까지도 넣는다고 한다. 찐빵에 넣는 앙꼬(anko, 餡子)의 순화어는 **팥소**이다. 또 만두도 아닌 것이, 도넛도 아닌 것으로 '고로케'라는 음식이 있는데 규범 표기는 '**크로켓(croquette)**'이다.

'망고하다', '수박하다', '자몽하다'

오래전 캄보디아 프놈펜 현지 청년들이 풋풋한 망고를 정성껏 깎아서 앙코르와트를 향하는 차에 넣어주었다. 앙코르와트에 도착해 보니 노랗게 변해 있었다. 그 후 다시는 그날 그 망고의 진한 맛을 만날 수 없었다.

'망고'에 접미사 '-하다'를 붙인 **망고하다**는 원래 '연을 날릴 때 얼레의 줄을 남김없이 풀어주는 것'을 가리키는데 '끝판에 이르다'라는 의미로 쓰인다. 이처럼 과일이나 채소 이름과 모양이 닮은 어근에 접사 '-하다'가 붙은 용언을 몇 가지 뽑아 가나다순으로 정리해 적었다.

감자하다(자본 총액을 줄이다), **고추**하다(사실에 맞는지 여부를 생각하다), **대추**하다(가을을 기다리다), **매실**매실하다(되바라지고 얄밉다), **무**하다(물건을 몰아서 사다), **박**하다(너그럽지 못하고 쌀쌀하다), **배추**하다(공손하게 총총걸음으로 나아가다), **배**하다(벼슬에 임명하다), **사과**하다(용서를 빌다), **수박**하다(붙잡아 묶다), **자몽**하다(정신이 흐릿하다), **파**하다(마치거나 그만두다), **포도**하다(도둑을 잡다, 죄를 짓고 달아나다), **호박**하다(크고 넓다).

'명란'은 알, '창난'은 창자

러시아의 건강식품으로 알려진 캐비아(caviar)는 철갑상어 알을 소금에 절인 식품이다. 어릴 때 알을 날것으로 먹으면 눈이 밝아진다는 속설을 철석같이 믿고 가재를 잡자마자 알을 털어 삼켰던 기억이 있다. '알[卵]' 이야기를 좀 하려고 한다.

태에서 자라 태어난 동물을 태생동물이라 한다면 알에서 부화하는 동물을 난생동물이라 한다. 난생동물이 산란하는 알의 이름은 가지각색이다. 가령 누에의 알은 **'누에씨(잠종)'**라고 하고 이의 알은 **'서캐'**, 파리의 알은 **'쉬'**라고 한다. **'조란'**은 새의 알, **'작란'**은 참새 알이며 **'달걀'**은 닭의 알이다.

특히 물고기 알(어란)이 몸속에 있을 때는 **'곤이'**라 한다. **'해란'**은 게의 알, **'하란'**은 새우 알, **'복란'**은 전복 알, **'연란'**은 연어 알, **'수란'**은 염장한 숭어 알, **'비웃알'**은 청어 알, **'명란'**은 명태 알이다. 그런데 **'창난'**은 명태의 창자를 가리키는 말이지 알을 가리키는 말이 아니다. '창란젓갈'이라 쓰면 잘못이다. **'창난젓갈'**로 써야 한다.

물이 돌면 '물돌이', 해가 돌면 '해돌이'

최근 글쓰기 공모에서 입상하신 어느 여성분의 수필을 교열한 적이 있다. 마치 폴짝 뛰어나와 필자의 눈으로 들어오는 듯한 어휘와 표현을 만날 때마다 소리 내어 다시 읽었다.

'빛부시다', **'몰래길'**, **'산빛'**, **'눈물웃음'**이었다. 물론 사전에 복합어로 등재되지 않은 어휘이다. 이들 단어를 담아 쓰신 글에서 그분의 따뜻하고 섬세한 마음을 읽을 수 있었다. '웃프다'라는 신조어와 어울리는 '눈물웃음'에 이르자 탄성이 절로 나왔다. 거기에다 '유리종 소리 같은 아가의 웃음'이란 표현 앞에서는 가슴이 얼마나 따뜻했던지….

사계절이 분명한 온대지방에서 자란 나무에서만 보이는 나이테를 북한에서는 **'해돌이'**라고 한단다. 왠지 해돌이가 나이테보다 더 정겹게 다가오는 건 필자만의 생각일까. 잔잔한 물에 돌을 던지면 여러 개의 동그라미가 퍼져 나가는 무늬를 한자어로 파문(波紋)이라고 한다. 파문보다는 순우리말 **'물돌이'**가 더 정겹게 다가온다. 우리말이 얼마나 아름다운지를 전하는 전령사, 바로 눈물웃음, 해돌이, 물돌이가 아닐까.

'가마때기' 취급하고 '가마떼기'로 팔고

자식에게도 알려주지 않는다는 송이 밭. 그래서 송이를 채취하는 사람들에게 송이 밭의 위치는 기밀에 해당한다. 송이 밭은 송이가 채 나기도 전에 연간 예상 수확량을 기준으로 한통 거래가 이뤄지기도 한다. 이런 거래를 **'도거리'** 또는 **'통거리'**라 한다.

이처럼 통거리로 이뤄지는 거래를 달리 **'밭떼기'**라고 한다. 밭떼기는 쉽게 말해 '밭에서 나는 작물을 밭에 나 있는 채로 몽땅 매매가 이뤄지는 것'을 가리킨다. 이 떼기가 '단위'로 쓰이는 경우가 있는데 바로 **'가마떼기'** 같은 표현이다. '가마니'를 하나의 거래 단위로 보는 것이다. 그런데 '가마떼기'와 '가마때기'는 의미가 다르다. 가마때기는 '헌 가마니'를 낮잡아 이르는 말이다. **'가마떼기**로 판다.' '가만있으면 **가마때기** 취급받는다.' 두 단어의 의미 차이를 보여주는 예문이다.

'밭떼기'는 '밭떼기'와 의미가 다른 표현이다. **'밭뙈기'**는 '얼마 안 되는 자그마한 밭'을 이르는 말이다. **'뙈기'**는 '땅뙈기, 논뙈기, 밭뙈기'처럼 경계를 지어 놓은 논밭의 구획이나 구획을 세는 단위를 가리킨다.

배 안에는 '배안'이 있고 가슴 안에는 '가슴안'이 있다?

'배 안에는 배안이 있고 배안 안에는 내장과 생식기관이 있다.' '가슴 안에는 가슴안이 있고 가슴안 안에는 심장과 폐가 있다.' 틀린 말도 아니고 겹말 표현도 아니다. 정확한 표현이다.

'안'은 '어떤 물체나 공간의 둘러싸인 가에서 가운데로 향한 쪽 또는 그런 곳이나 부분'을 뜻하는 명사이다. 이 '안'이 다른 명사와 결합돼 복합어로 쓰이는 경우가 많다. 예를 들면 **가슴안, 머리뼈안, 배안, 손안, 입안, 코안**처럼 사람의 몸 안에서 일정 공간을 가리킬 때 쓰이기도 한다. 그래서 '배안 안'이나 '가슴안 안'이란 표현이 가능한 것이다.

그런데 안과 밖을 아울러 이르는 말이 '안밖'이 아니라 왜 '안팎'이 되었을까? 안쪽을 가리키는 말인 '안[內]'은 원래 '않'이었다. 따라서 '안+ㅎ+밖'이라는 구조에서 'ㅎ+ㅂ=ㅍ'으로 음운 축약 과정을 거치며 **안팎**이 된 것이다. '암'과 '수'도 원래 받침에 '히읗(ㅎ)'이 더해 있었기에 '암+ㅎ+개→**암캐**', '수+ㅎ+개→**수캐**'가 된다.

'예초'는 풀베기, '벌초'는 무덤의 풀베기

속담 "처삼촌 뫼에 벌초하듯"에 포함된 단어 **'벌초(伐草)'**는 '무덤의 풀을 베어서 깨끗이 함'을 뜻하는 말로 쓰인다. 애당초 벌초는 풀을 베어 없애는 것을 나타내는 말이었으나 이렇게 한정해 쓰이게 된 것이다.

벌초가 지금의 의미로 쓰임이 한정되면서 **'예초(刈草)'**라는 말이 원래의 벌초 자리를 메웠다. 이처럼 단어의 의미가 축소돼 제한적으로 쓰이게 된 현상을 문법에서는 '의미 축소'라고 부른다. 반대로 단어의 의미가 확대된 경우도 있다. **'세수(洗手)'**를 예로 들수 있다. 손을 씻는다는 의미의 '세수'가 얼굴을 씻는다는 말인 '세면(洗面)'을 포함하는 의미로 확대된 경우이다.

이와 달리 의미가 전혀 다른 의미로 이동된 경우도 있다. 훈민정음 서문에 등장하는 '어린 백성이'의 **'어리다'**가 이에 해당한다. 본래 '어리석다[愚]'는 의미의 '어리다'가 '나이가 적다[幼]'는 의미로 이동된 것이다. 이처럼 우리말은 의미의 '축소'와 '확대', '이동'의 변화 과정을 거치기도 한다.

망아리는 '망울'로, 멍우리는 '멍울'로

멀리 **산봉우리**에 눈이 녹아내리면 봄이 다가온다. 진달래와 개나리가 진 뒤엔 으레 벚꽃과 목련꽃이 따라 핀다. 그 뒤를 이어 곳곳에서 모양과 색깔이 다양한 철쭉이 **꽃봉오리**를 터뜨리고 아름다운 자태를 드러낸다. 봉오리와 봉우리는 표기가 비슷해 자칫 잘못하면 바꿔 쓰는 경우가 생긴다.

'봉오리'와 '봉우리'는 의미가 다르다. 봉오리는 꽃봉오리의 준말이고 봉우리는 산봉우리의 준말이다. 산봉오리나 꽃봉우리는 틀린 표현이다. 꽃봉오리를 달리 꽃망울로 쓰기도 한다. 꽃망울을 줄여 그냥 망울로 쓰기도 하고 몽우리로 쓰기도 한다. **꽃봉오리, 봉오리, 꽃망울, 망울, 몽우리** 모두 같은 말이다.

그런데 **'망울'**과 **'멍울'**은 다르게 쓰인다. 망울은 꽃망울 외에 '액체 속 엉긴 덩이'를 가리킬 때도 쓰인다. 그러나 멍울은 '몸속 림프샘이나 조직에 병적으로 생기는 것으로, 손으로 만져지는 덩이'를 가리키는 말이다. 그런데 '망아리'와 '멍우리'는 비표준어이다. 망아리는 망울로 고쳐 써야 하고, 멍우리는 멍울로 고쳐 써야 한다.

'분수'를 모르면 '푼수'

흔히 7개월 만에 태어난 아기를 가리키는 **'칠삭둥이'**라는 말이 '모자라는 사람'으로 비하할 때도 쓰인다. 비하하는 말로 쓰이는 '칠삭둥이'와 같이 쓰이는 말로 **'칠푼'**, **'칠푼이'**라는 말이 있다. 이 칠푼의 '푼'은 분(分)에서 유래한 것이다. 사실 이런 표현은 일상에서 어떤 경우든 타인에게 쓸 수 없는 말이다. '푼'은 1의 10분의 1 또는 '할'의 10분의 1을 나타낼 때 쓰인다.

한자 '나눌 분(分)'은 '푼'으로 파생되어 쓰이지만 '부'로는 쓰이지 않는다. 그러나 일상에서 **'칠부바지'**로 쓰이고 표준국어대사전에 표준어로 등재돼 있기는 하나 **'부'**의 어원을 **'일본어 bu [分]'**로 밝히고 있다. 굳이 어원을 일본어로 밝히면서까지 표준어로 써야 할 이유가 있을까? 우리말 **'분(分)'**을 사용한 **'칠분바지'**로 충분한데 말이다.

또 생각이 모자라고 어리석은 사람을 놀림조로 이르는 말인 **'푼수'** 또한 분수(分數)에서 온 말로, 이 '푼' 역시 분(分)에서 기원한 것이다. 사람이 분수(分數)도 모르고 살면 푼수(←分數) 소리 듣게 마련이다.

빛을 '비추면' 빛이 '비친다'

한자 '色'은 고유어로 적으면 '빛'이다. 빛을 어간으로 삼은 '빛다'라는 용언은 없다. 그러나 빛의 작용을 나타내는 동사는 있다. 바로 **'비치다'**, **'비추다'**, **'빛나다'**, **'빛내다'** 같은 단어다.

'어디에서' 또는 '어디로'처럼 빛의 방향을 함의한 표현으로 '비치다'와 '비추다'가 쓰인다. '하늘에서 **땅**으로 햇빛이 비친다'와 '하늘에서 햇빛이 **땅**을 비춘다'라는 두 문장을 예로 들 수 있다. 비치다와 달리 비추다가 쓰일 때는 목적어(땅)를 동반한다. 또 '어디에서'처럼 방향이 아니라 위치(처소)만 함의한 표현으로는 '빛나다'와 '빛내다'를 들 수 있다. '하늘에서 햇빛이 빛난다'와 '하늘에서 햇빛이 **땅**을 빛낸다'라는 두 문장을 예로 들어 살펴보면 빛나다와 달리 빛내다는 목적어(땅)를 동반한다.

비추다, 비치다, 빛나다, 빛내다를 목적어 유무에 따라 두 가지 유형으로 문장을 만들어 보았다. '하늘에서 햇빛이 비치자 땅이 빛났다.'(목적어 없음) '하늘에서 태양이 **햇빛**을 비춰 **땅**을 빛냈다.'(목적어 있음)

'상고대'는 서리, '눈꽃'은 눈

'서리'와 **'성에'**는 형상이 비슷하지만 가려 써야 하는 어휘이다. 서리는 '대기 중 수증기가 지상의 물체 표면에 얼어붙은 것'인 데 비해 성에는 '유리나 벽 따위의 내부에 수증기가 얼어붙은 것'을 가리킨다. 다시 말해 서리는 수증기가 이슬로 변하기 전에 얼어서 생기는 현상인 반면에 성에는 김 서림이 얼어서 생기는 현상이다. 서리는 서술어 '내리다'와 어울리고 성에는 '끼다'와 어울린다.

한겨울에 입김 같은 수증기가 벽에 얼어붙은 것은 모양이 서리 같아도 성에라고 해야 한다. 특히 차창 바깥쪽에 얼어서 생기는 것은 서리이지만 안쪽에 생기는 것은 성에이기 때문이다. 추운 날 차 안에 습기가 차서 차창에 서린 것을 그냥 두면 얼어서 성에로 변하게 된다.

서리 중에 '나무나 풀에 내려 눈처럼 된 서리'를 **'상고대'**라고 한다. 수상(樹霜)이나 수빙(樹氷)으로도 불리는 상고대는 눈꽃과 다르다. **눈꽃**은 나뭇가지에 꽃이 핀 것처럼 얹힌 눈을 가리킨다. 말 그대로 상고대는 서리이고 눈꽃은 눈이다.

'접수하다'와 '접수시키다'는 반대말?

아래 열거한 단어 중에서 반대의 뜻도 포함한 단어가 아닌 것을 골라 보자. 아마도 정답을 아시는 분은 빙그레 웃으실 테고 모르시는 분은 바로 검색해 볼 것이다.

- **설사약**: 설사를 나게 하는 약과 설사를 멎게 하는 약.
- **상속자**: 재산을 물려주는 사람과 재산을 물려받는 사람.
- **빚쟁이**: 돈을 빌려준 사람(채권자)과 돈을 빌린 사람(채무자).
- **에누리**: 물건값을 깎거나(할인) 더 많이 부르는 것(바가지).
- **접수하다**: 신청을 하다와 신청을 받다.

정답은 '상속자'와 '접수하다'이다. 나머지 단어는 모두 반대의 의미도 포함하고 있다.

재산을 물려받는 사람은 '상속자'이고 반대로 재산을 물려주는 사람은 '피상속자'이다. 또 '접수하다'는 받는 것만 의미한다. '지원서를 접수한다'고 하면 대학이나 회사에서 지원서를 받는 행위를 가리킨다. 반대로 지원자가 원서를 보내는 행위는 지원서를 '내다, 제출하다, 접수시키다' 등으로 표현해야 바른 표현이다.

시도 때도 없이 쓰이는 '시'와 '때'

"시도 때도 없이 그리운 사람 / 운명을 바꿔놓고 떠나간 사람⋯."

가수 김홍조의 '시도 때도 없이'라는 노래는 이렇게 시작된다. '시(時)'와 '때'는 거의 같은 의미로 쓰인다. 체언 뒤에는 '시'가 어울리고 관형어 뒤에는 '때'가 어울릴 때가 많다. 예를 들면 '비행 때'보다는 '비행 시'가, '어겼을 시'보다는 '어겼을 때'가 더 어울린다.

'시'는 의존명사여서 '신청 시, 공사 시'처럼 당연히 띄어 써야 한다. 그런데 표준국어대사전에는 복합어로 굳어진 단어가 여럿 올라 있다. **비상시, 평상시, 기준시, 유사시, 필요시, 혼잡시, 황혼시, 발화시, 사건시** 등이다.

'때'도 명사여서 '가뭄 때, 장마 때'처럼 띄어 써야 한다. 이 '때' 역시 복합어로 쓰이는 경우가 있다. **한때, 이때, 그때, 입때, 접때, 그맘때, 요맘때, 이맘때, 한창때, 끼니때, 아침때, 점심때, 저녁때** 등이다. 그중에서 '입때'와 '접때'는 '이+뻬'와 '저+뻬'가 비읍(ㅂ)이 앞 음절의 받침으로 쓰이면서 변한 복합어이다.

'쌀알' 한 '톨'이라도 '잘' 주워라

중국 대학생들에게 의태어를 설명하면서 '살살'과 '둘둘'을 '乿乿', '乧乧'이라고 적었더니 학생들이 고개를 갸웃했다. 그냥 웃자고 쓰는 줄 알았다가 한국에서 쓰이는 한자라고 하자 모두 열심히 옮겨 적던 학생들의 모습이 아련하다.

'乿乿(쌀알) 한 乤(톨)이라도 버리지 말고 乼(잘) 주워라. 종이를 乧乧(둘둘) 말아라. 쏙(둑)을 乫乙(걸을) 때는 乿乿(살살) 다녀라.' 이들 문장에 등장하는 한자는 우리말을 음역(音譯)한 글자로 우리나라 한자사전에는 있어도 중국어사전에는 없다.

임꺽정을 한자로는 '林巨正(임거정)' 또는 '林居叱正(임거질정)'으로 적지만 '林特正(임꺽정)'으로 적기도 한다. 이 '꺽(特)'의 생김새를 보면 클 거(巨)에 기역(ㄱ)을 받쳤다. 또 구한말 의병장 申乭石(신돌석)의 돌(乭)은 훈(돌)에 리을(乙)을 받친 글자다.

乫(갈), 乺(놀), 乭(돌), 乧(몰), 乶(볼), 乽(살), 乯(올), 乤(절) 乼(찰), 乤(톨), 乤(할) 등은 모두 새 을(乙)을 리을(ㄹ)로 사용해 음역한 한자이다.

'솜방이 식' 처벌이 '나라 꼴' 망친다

요즘 많이 언급되는 ChatGPT에 '한국 사람이 어려워하는 맞춤법 10가지'를 요청해 보았다. 1위는 역시 '띄어쓰기'였다. 띄어쓰기 중에서 거슬리는 두 가지라면 아마도 '꼴'과 '식'을 꼽을 수 있다. 이 두 가지는 **'솜방망이 식'**, **'나라 꼴'**처럼 모두 명사로서 띄어 쓰지만 접미사로 쓰이는 경우도 있어 띄어쓰기가 만만찮다.

'식(式)'은 방식이나 행사 등을 나타내는 명사이다. 그러나 **'곱셈식'**처럼 합성어로 붙여 쓰는 경우가 있으며 **'마른 수건 짜기 식'**처럼 의존명사로 쓰이기도 한다. 또 **'한국식'**처럼 '방식'을 뜻하거나 **'입학식'**처럼 '의식'을 뜻하는 접미사 '-식'은 당연히 붙여 쓴다.

명사 '꼴'은 낮잡아 '꼬락서니'로 쓰이기도 한다. **'나라 꼴'**처럼 띄어 쓰지만 **'거지꼴'**이나 **'거짓꼴'**처럼 합성어로 붙여 쓰기도 한다. 또한 **'10명 중 1명꼴'**처럼 접미사 '-꼴'은 붙여 쓴다. '우리나라 사람 10명 중 1명이…'는 '우리나라 사람 10명 중 1명꼴로…'처럼 적어야 바람직한 표현이다.

알면서 '알은체', 모르면서 '아는 체'

사람은 아는 것은 안다고 해야 하고 모르는 것은 모른다고 해야 한다. 필요에 따라 알면서도 모르는 체해야 할 때가 있고 모르는 것을 아는 체해야 할 때도 있다. 전자를 정직한 사람으로, 후자를 부정직한 사람으로 단정할 수는 없다. 그러나 '아는 체'하는 사람을 좋게 보지는 않는다.

'아는 체하다'라는 표현의 구조를 살펴보면 동사 '알다'의 어간 '알-'에 어미 '-는'이 붙으면 받침 리을(ㄹ)이 탈락해 관형사형 '아는'이 된다. '아는'에 의존명사 '체'가 따르면 '아는 체'가 되고 여기에 접사 '-하다'를 붙여 '아는 체하다'로 쓰인다. '아는 체하다' 대신에 '아는 척하다'로 쓸 수도 있다.

그런데 '아는 체하다'는 중의성 표현이다. 모르는 사실을 감추기 위해 아는 체할 수도 있고 알고 있는 사실을 과시하기 위해 아는 체할 수도 있다. 비슷하긴 하지만 쓰임에 차이가 있는 **'알은 체하다'**라는 동사가 있다. 이 단어에는 '모르면서도'라는 전제가 없다. 알고 있는 사람이나 사물, 사건에 관심이 있다는 의미로 쓰인다.

하이브리드 '애통하다'

'애통하다'는 드물게 동사이면서도 형용사로 쓰이는 단어이다. 일종의 하이브리드인 셈이다. 동사로 쓰이면 '슬퍼하고 가슴 아파하다'이고 형용사로 쓰이면 '슬프고 가슴 아프다'이다. '**애통하는**(슬퍼하는) 사람이 많다'는 표현은 동사로 쓰인 예이고 '**애통한**(슬픈) 사람이 많다'는 표현은 형용사로 쓰인 예이다. 참 애매한 단어이다.

보통 형용사에 동사 기능을 부여하기 위해 주로 '**황당해하다**'처럼 형용사 '**황당하다**'의 어근(황당하-)에 보조용언 '-여하다'를 붙인다. 이와 같은 원리로 형용사인 '**행복하다**'나 '**미안하다**'를 '**행복해하다**'나 '**미안해하다**'같이 동사형으로 쓰는 건 가능하지만 동사인 '만족하다'나 '감사하다'를 굳이 '만족해하다'나 '감사해하다'로 쓸 이유는 없다.

따라서 '애통하다'를 형용사로 보고 '**애통해하다**'처럼 동사형으로 굳이 쓸 필요는 없다. '애통하다'가 동사로도 쓰이니까. 그렇다고 해서 굳이 틀렸다고 할 수도 없다. 형용사로 보고 어간에 보조용언 '-여하다'를 붙인 경우이니까. 쉽지 않다!

어안이 벙벙하고 어이없고 어처구니없는 일

어느 날 쥐가 양반집 바깥주인 모습으로 변신하면서 **어처구니없는** 일이 벌어진다. **어안이 벙벙한** 아내가 하필 쥐로 변신한 남자를 선택하게 되면서 **어이없어** 하던 남편은 광에 갇히고 말았다. 어느 도승이 그 변신한 남자를 다시 쥐로 돌린다. 그때 남편은 "너는 남편의 'ㅈ'도 모르고 쥐의 'ㅈ'도 모르냐?"라고 분통을 터뜨렸다고 한다. 그 후부터 생식기(ㅈ)를 '뿔'로 바꿔 '쥐뿔도 모른다'는 관용어가 생겼다는, 떠도는 어원 이야기이다.

이해하기 어려울 만큼 황당한 일이 벌어지면 보통 '어안이 벙벙하다, 어처구니없다, 어이없다'라는 관용적 표현을 사용한다. 국어사전에서는 '어안'이 '혀 안'과 같은 말로, '어이'는 '어처구니'와 같은 말로, '어처구니'는 '엄청나게 큰 사람이나 사물'을 가리키는 말로 풀이하고 있다.

그러나 '어이'가 '어의(御意)'에서 왔다든지, '어처구니'가 맷돌의 손잡이라거나 지붕 위 신상을 가리키는 '잡상(雜像)'에서 왔다는 말도 있기는 하지만 근거는 명확하지 않다.

'얼간이'의 반대말은 '얼찬이'

"친구가 낙제하면 눈물(tears)을 흘리지만, 1등을 하면 피눈물(blood tears)을 흘리게 된다."

2009년 개봉한 인도 영화《세 얼간이(3 Idiots)》에 나오는 대사이다. 이 영화를 보신 분은 등장인물 세 사람은 모두 **얼간이**가 아니라 **얼찬이**였다는 사실을 알 것이다.

특별한 경우를 제외하고 대부분의 음식에는 양념이 들어간다. 소금이나 간장으로 간을 할 때 간이 너무 적게 되면 '싱겁다'고 하고 얼간을 하게 되면 '간간하다'고 하며 조금 짜면 '짭짤하다', 간이 심하면 '짜다'고 표현한다. 이들 형용사에서 나온 말이 **'싱겁이'**, **'얼간이'**, **'짠돌이/짠순이'**이다. 얼간이의 반대말은 짠돌이나 짠순이가 아니라 '얼찬이'이다.

그런데 고춧가루 따위를 풀고 소금을 약간 뿌려서 담근 굴젓을 가리키는 **'어리굴젓'**의 '어리'가 '얼간'에서 왔다고 볼 수 있다. 그러나 **'어릿광대'**의 '어리'는 **'어리다[幼]'**로 의미가 이동되기 전의 **'어리다[愚]'**, 즉 **'어리석다'**에서 온 것으로 보는 것이 바람직하다.

'오리'를 보고 '십리'를 간다

얼마 전 연세가 많으셔서 귀가 잘 들리지 않으신 분에게서 전화가 걸려 왔다. 정상적인 소통이 어려워 오래 통화하지는 못했지만 "장사꾼은 오리를 보고 십리를 간다"라는 속담을 이야기하시며 '인터넷에서 오리의 설명을 정확하게 찾을 수 없으니 당신이 좀 올려 달라'는 취지의 말씀이었다.

이 속담에서 오리의 한자어는 '**五厘**'이고 십리의 한자어는 '**十里**'이다. 오리의 **리(厘)**는 비율 단위이고 십리의 **리(里)**는 거리 단위이다. 리(厘)는 1,000분의 1을, 리(里)는 약 0.4km이다. 앞서 적은 속담은 0.001의 이윤이 있어도 4km 정도는 기꺼이 가는 사람이 장사꾼이라는 말이다. 뜻을 이루려면 결과의 규모에 연연하지 않아야 한다는 교훈적 의미로 쓰인 속담이 아닌가 싶다.

경제 분야나 통계 분야에서 고유의 단위인 **할(割, 십분율), 푼(分, 백분율), 리(厘, 천분율), 모(毛, 만분율)**는 거의 사라지고 **퍼센트(%, 백분율)**와 **퍼밀(‰, 천분율), 퍼밀리아드(‰₀, 만분율), PPM(백만분율)**이 주로 쓰이고 있다.

웃픈 표정, 무표정, 포커페이스

언제부터인가 '웃프다'라는 신조어가 등장했다. 아직 표준어로 등재되지는 않았지만 필자는 나름대로 쓸 만한(?) 어휘로 여긴다. '웃기다'와 '슬프다'의 합성어로 표면적으로는 웃기는 일이지만 실제로는 슬픈 현실을 표현하는 말이기에 **'웃픈 표정'**을 상상만 해도 아련하기 때문이다.

사람은 누구나 마음의 감정이 얼굴에 나타나기 마련이다. 물론 감정이 전혀 드러나지 않는 **'무표정'**도 있고 경우에 따라 의도적으로 감추려는 **'포커페이스'**도 있다. 대부분은 일상에서 감정이 얼굴에 드러난다. 이를 **'표정, 기색, 얼굴색, 면색, 안색, 낯꼴, 낯꽃, 낯빛'** 등으로 표현한다.

표정을 얼굴의 '색(色)'으로 표현하는 단어로 **난색(꺼림), 노색(노여움), 반색(반김), 사색(창백), 실색(놀람), 열색(기쁨), 원색(원망), 유색(유쾌함), 정색(엄정함), 희색(기뻐함)** 등이 있다. '꼴'과 함께 쓰이는 단어 '얼굴 꼴'은 주로 비하하는 표현인 '얼굴 꼬락서니' 또는 '얼굴 꼬라지'로 쓰이는데 **'꼬라지'**는 방언이다.

지옥의 깊이 2,962,842,624km?

제우스가 여신 가이아에게 지옥의 깊이가 얼마나 되는지 물었다. 가이아의 대답은 '모루가 아흐레 동안 떨어지는 거리'였다. **모루**는 대장간에서 불에 달군 쇠를 올려놓고 두드릴 때 쓰이는 쇳덩이로 보통 가로세로 각 60cm에 무게가 225kg 정도로 보면 된다. 부피와 공기저항을 무시하고 계산하면 29억 6,284만 2,624km라는 값이 나온다. 지구 둘레는 겨우 4만 km이다. 지옥의 깊이는 끝이 없다는 게 정답이다.

속담 "자에도 모자랄 적이 있고 치에도 넉넉할 적이 있다", "천 리 길도 한 걸음부터", "열 길 물속은 알아도 한 길 사람 속은 모른다"에서 '**자, 치, 리, 길**'은 모두 길이 단위이다.

길이 단위 중에서도 사람 몸 일부의 치수를 기준으로 나타낸 단위가 있다. '**길**'은 손을 위로 뻗었을 때 손끝에서 발끝까지의 길이, '**자**'는 성인의 뼘, '**인치**'는 엄지손가락 너비, '**피트**'는 발바닥 길이, '**야드**'는 손끝에서 코까지의 길이, '**규빗**'은 손끝에서 팔꿈치까지 길이를 나타내는 단위이다.

참참참참

한때 유행했던 게임 중에 '참참참'이란 게 있다. 가위바위보해서 이기면 상대방 얼굴 바로 앞에 손을 갖다 세우고 "참참참"이라고 외친다. 마지막 '참'과 동시에 손을 왼쪽이나 오른쪽, 위쪽이나 아래쪽으로 움직일 때 상대방의 고개가 손을 따라 움직이면 벌칙을 받는 게임이다. 여기서는 참을 하나 덧붙여 '참참참참'을 살펴보기로 한다. 아래 네 가지 예문을 보면 **'참'**이 모양은 같지만 성격은 각각 다르다는 점을 알 수 있을 것이다.

①**참**, 너는 그 사람을 사랑한다 했지? ②맞아. 나 그 사람 **참** 사랑해. ③너희는 **참**사랑을 아는구나! ④그래. 우리 사랑은 **참** 이야!

예문에 포함된 네 가지 '참'을 기능별로 적으면 ①**감탄사** ②**부사** ③**접두사** ④**명사**로 구분된다. 기능별 특징을 알고 쓰면 좋을 것이다. 감탄사 '참'은 문장 앞에서 쓰이며 쉼표(,)를 동반한다. 부사 '참'은 주로 뒤따르는 용언을 꾸민다. 접두사 '참'은 체언과 만나 파생어를 만든다. 명사 '참'은 진실과 같은 의미로 쓰이며 반대말은 거짓이다.

'천엽', '처녑', '백엽' 모두 표준어

언론사 재직 시절에는 외부에서 걸려오는 문의 전화를 많이 받았다. 질문을 받으면 아무리 바빠도 정성껏 답했다. 그중 기억에 남는 몇 가지 질문을 소개하면 이런 것이다.

[1] "금실이 좋다고 할 때 금슬입니까, 금실입니까?", "금실로 씁니다." 금실은 금슬(琴瑟)이 변한 말로 부부간의 사랑을 뜻하는 표현이다.

[2] "70은 **고희(古稀)**라 하는데 80은 뭐라 하지요?", "우산 산(傘)에 목숨 수(壽), **산수(傘壽)**입니다." 우산 '산(傘)'의 약자가 '산(仐)'으로, 팔십(八十)을 가리키기 때문이다.

[3] "**천엽**이 맞아요, **처녑**이 맞아요?", "둘 다 맞습니다."

한자어 단어가 표준어로 쓰일 때 대략 세 가지로 분류되는데 ①'**설마(雪馬)**'가 '썰매'로 변했을 때 '설마'를 원말로, 변한말 '썰매'를 표준어로 삼는 경우 ②'**주착(主着)**'이 '**주책**'으로 변하면서 '주착'은 비표준어로, '주책'은 표준어로 삼는 경우 ③'**천엽(千葉)**'과 변한말인 '**처녑**' 모두 표준어로 삼는 경우이다. 이뿐만 아니라 '**백엽(百葉)**'도 같은 의미의 표준어다.

'팔초어'와 '소팔초어', '대팔초어'

최근 점심때 회사에서 가까운 낙지 전문 식당에 들른 적이 있다. 식사를 주문하고 기다리는 동안 눈길이 간 곳은 '낙지 효능'을 소개한 벽보였다. 거기에 동의보감에는 낙지가 '**소팔초어**(小八鮹魚)'로 나와 있다고 적혀 있었다.

그때 문어와 오징어, 꼴뚜기, 주꾸미도 한자어가 뭔지 궁금해 표준국어대사전을 검색해 봤다. 낙지는 **소팔초어**(小八鮹魚)로, 문어는 **팔초어**(八梢魚), **대팔초어**(大八梢魚)로 표제어에 올라 있었다. 그런데 다리[脚]를 의미하는 '초'의 한자가 '鮹, 梢, 稍' 등 세 가지로 돼 있었다. '鮹(물고기 이름)', '梢(나뭇가지)', '稍(벼 줄기 끝)' 모두 다리의 모양과 관련이 있긴 하지만 통일은 필요할 것 같다. 사전이니까.

오징어는 **묵어**(墨魚)로, 꼴뚜기는 **반초**(飯鮹)로 올라 있는데 주꾸미는 없었다. 중국어사전에서는 '蛸(오징어)'를 사용한 '**단초**(短蛸)'가 있었다. 이와 함께 꼴뚜기는 다리가 오징어처럼 10개인 반면에 주꾸미 다리는 문어와 낙지처럼 8개라는 사실도 이번에 확인했다.

추석빔, 단오빔, 설빔의 '빔'

추석이 가까워 오면 산소에 벌초하고 성묘를 지낸다. 송편이나 햅쌀밥, 햇과일 같은 색다른 음식을 먹기도 하고 씨름이나 줄다리기 같은 놀이를 즐긴다. 추석은 명절이다. 명절 하면 떠오르는 단어 중에 순우리말 **'빔'**이 있다. 빔은 명절 등 뜻깊은 날을 맞이하여 새로 장만하여 입는 옷이나 신발 따위를 가리키는 말이다.

빔의 어원은 '비+△움'인데 한자로는 꾸밀 식(飾)이다. 이 식(飾)을 파자하면 '食+人+巾'이다. 이를 풀어 보면 사람[人]이 행주[巾]로 식기[食]를 닦는 모습이라고 한다. 다시 말해 제사 지내기 전에 제기를 깨끗이 닦는다는 의미가 담긴 글자라는 것이다.

아무튼 이 식(飾, 비+△움)에서 유래한 '빔'이 명절 이름과 결합되어 **'설빔'**처럼 합성어를 이루기도 한다. 추석에도 당연히 **추석빔**이라는 말이 있다. 생일을 맞을 때는 **생일빔**이란 말도 쓰인다. 과거 단옷날 창포물로 머리를 감고 창포 뿌리로 만든 비녀를 꽂았던 여자들의 치장을 가리켜 **단오빔**이라 했다.

'친손주'면 어떻고 '청량리아이'면 어떠랴

자식이 남매이다 보니 필자에게도 **친손주**와 **외손주**가 다 있다. 누가 물으면 친손주, 외손주 구분해 답하지만 대화에서는 주로 '청량리아이', '다산아이'로 구분해 쓰거나 이름을 부른다. 그러다 보니 친손주, 외손주를 구분해 쓸 일은 거의 없다.

필자가 어릴 때는 **친할머니**를 그냥 **'할머니'**라 부르고 외할머니를 **'외할머니'**라고 불렀다. 일부에서는 '외할머니, 친할머니 대신 지역 이름을 붙여 부르는 게 옳다'는 주장도 있다. 그런가 하면 '외할머니도 사실을 가리키는 하나의 표준어인데 뭐 그리 억지로 구분할 필요가 있나' 하는 견해도 있다.

친할머니와 함께 자란 손주는 친할머니가 '할머니'일 것이고 외할머니와 함께 자란 손주는 외할머니가 '할머니'일 것이다. 그렇기에 '친할머니, 외할머니'든, '용두동할머니, 동두천할머니'든 손주의 성장 환경에 따라 구분해 사용하면 될 것이다. 국립국어원은 "**외할머니**가 표준어로 올라 있어 쓸 수 있고 외할머니 대신 지역 이름을 붙인 ○○**할머니**도 가능한 표현"이라고 설명한다.

놀란 '토끼눈', 까만 '머루눈'

무더운 어느 여름날 칭다오에 있는 세종학당 강의실에 들어 섰다. 창가에서 뭔가를 하고 있던 반장이 내민 것은 물이 담긴 종 이컵이었다. 냉수를 즐겨 찾는 필자에게 식혀서 주려고 끓인 물 을 종이컵 두 개에 옮겨 담으면서 후후 불었단다. 그 물을 마시려 는데 갑자기 눈물이 핑 돌았다. 반장이 다가와서 **토끼눈**을 하고 물었다. "아직 뜨거워요, 교수님? 더 식혀드릴까요?"

사람의 눈초리를 동물이나 사물에 빗대 표현하는 말이 제법 많다. 흘겨보는 **가자미눈**, 못마땅해서 보고도 못 본 체하는 **나비 눈**, 매섭게 노려보는 **도끼눈**, 표독스러운 **독사눈**, 날카롭고 매서 운 **독수리눈**, 흐릿하고 생기 없는 **동태눈**, 날카롭게 쏘아보는 **송 곳눈** 등은 누구나 피하고 싶은 눈초리이다. 그러나 눈동자가 까 만 **머루눈**, 반짝거리고 초롱초롱한 **샛별눈**은 보는 이에게 생동감 을 주는 멋진 눈이 아닐까.

그러나 깜짝 놀라 눈이 커지는 토끼눈은 표준국어대사전에 아직 합성어로 올라 있지 않다. 그렇거나 말거나 필자는 '토끼눈' 이라고 쓸 것이다.

'톱'으로 '톺다'

'겨릅(대), 낳다, 톱, 톺다, 도투마리, 날다, 매다, 뱁대, 꾸리, 잉아, 북, 바디.' 길쌈과 관련 있는 용어를 모아 보았다. 어릴 때 시골에 살았던 60대 이상에게는 익숙한 어릴 적 추억의 단어일지도 모르지만 그 이하 연령대에서는 "대체 무슨 말?"이라며 고개를 갸웃할 것이다.

길쌈에서 쓰이는 '**톱**'은 삼을 삼기 전에 물에 불린 삼(대마)을 펼쳐 놓고 겉껍질을 벗겨 내고 부드럽게 하는 데 쓰이는 도구를 가리킨다. '미음(ㅁ)' 자처럼 생겼는데 위쪽은 손잡이로 좀 길고 칼날은 아래쪽에 있어 손잡이로 잡고 비스듬히 반복해 훑어 밀면 삼 겉껍질이 벗겨지고 끝이 부드러워진다. 이 동작을 '**톺다**'라고 한다.

안타깝게도 '톺다'처럼 점점 사라져 가는 귀한 우리말이 참 많다. 옷이 기름에 '**겯다**'. 불이 너무 '**괄다**'. 잡초만 수북이 '**깃다**'. 나무가 곧지 못하고 '**뒤다**'. 이엉으로 지붕을 '**이다**'. 오래 둔 채소가 '**솔다**'. 무더위가 한풀 '**숙다**'. 뉘가 많은 쌀을 '**쓿다**'. 우리말은 정말 다채롭다!

'파각파각'은 '의성의태어'

대학원 석사과정을 이수할 때 어느 은사님이 '삼베이불을 덮을 때 나는 소리와 느낌'을 나타낼 수 있는 단어 하나를 고민하다 탈고한 지 1년이나 지나 출간하신 시집을 나눠 주셨다. 표준어로 올라 있지는 않지만 **'파각파각'**을 시어로 수용하게 되면서 출판이 가능했다고 하셨다. 듣기만 해도 삼베이불을 만질 때 나는 소리, 느낌으로 다가온다.

한국어를 배우는 중국 대학생들에게 문법은 그리 어렵지 않게 가르칠 수 있었다. 한국학과 4학년생의 문법 수준은 어쩌면 한국의 일반 대학생보다 훨씬 높다고 할 수 있다. 그러나 의성어나 의태어를 정확하게 가르치기는 쉽지 않았다. 의태어는 보여 줘야 하고 의성어는 들려줘야 했기 때문이다.

의태어는 '탱글탱글, 말랑말랑, 꼬물꼬물, 화르르화르르'처럼 모양을, **의성어**는 '꼬꼬댁꼬꼬댁, 후드득후드득, 가르랑가르랑, 끼룩끼루룩'처럼 소리를 표현하는 단어다. 그런가 하면 '뽀드득 뽀드득, 포르릉포르릉, 까르르까르르' 같은 단어는 모양 또는 소리를 동시에 표현하는 **의성의태어**에 해당한다.

'퍼센트'와 '퍼센트포인트'

퍼센트(%)와 **퍼센트포인트(%포인트, %point, %p)**라는 단위를 혼동하는 사례가 많다. 퍼센트(%)는 백분율을 나타내는 단위이다. 그런데 %와 %p는 분명히 다른 개념이다. 또한 포인트(p)는 백분율뿐만 아니라 지수에도 쓰인다.

백분율(%)은 전체를 100으로 삼고 비교한 다른 수치의 비율이라면 지수는 기준연도의 수량을 기준으로 연도별로 변화한 수량을 나타내는 비율이다. 따라서 백분율은 단위가 %이지만 지수는 단위를 쓰지 않는다. 백분율 격차를 나타내는 경우에는 퍼센트포인트(%p)를 단위로 사용한다. 지수의 단위는 달리 표시하지 않지만 지수의 격차를 나타내는 경우에는 포인트(p)를 표시한다.

이해를 돕기 위해 %와 %p, 지수와 지수포인트를 예문으로 제시하면 다음과 같다.

• 올해는 급여가 30% 올라 전년도 인상률(10%)보다 20%p 높아졌다.

• 오늘 주가지수는 어제보다 18p 상승한 2572로 마감됐다.

'풍문'으로 들었소

노래와 드라마의 제목 '풍문으로 들었소!', 바람이 불면 대나무 숲에서 퍼져 나왔다는 '임금님의 귀는 당나귀 귀!', 속담 "발 없는 말이 천 리 간다!" 모두 소문과 관련한 표현이다. 소문의 가장 큰 특성은 '돈다'는 것이다.

그런데 소문은 내용이 중요할수록, 내용이 애매할수록 파급력이 크다고 한다. 그래서 R=I×A라는 식이 성립되는데 여기서 각 철자는 'Rumor(소문)', 'Importance(중요성)', 'Ambiguity(애매성)'를 뜻한다(고든 올포트의 『소문의 심리학』). 그래서 **'헛소문'**이라는 말은 있어도 '참소문'이라는 상대어는 없다. 소문이 헛소문이 아닌 것으로 밝혀지면 '사실'로 인정받게 된다.

귀로 전해지는 소문은 **'귀소문'**이고 입으로 전해지는 소문은 **'입소문'**이다. 이렇게 귀로 입으로 전해지는 내용은 미문(美聞)이기도 하고 추문(醜聞)이기도 하다. 미문이면 사실이기를, 추문이면 허문(虛聞)이기를 기대한다. 그래서 부디 쾌문(快聞)만 풍문(風聞)으로 도는 세상에서 살고 싶다.

사람은 '헹가래', 눈은 '눈가래'

단체 운동경기에서 시즌 막판에 우승을 하면 선수들이 감독이나 코치, MVP급 선수를 들어 올렸다 내렸다 하는 모습을 **'헹가래'**라고 한다. 필자도 평생에 단 두 번 경험했다. 장애인과 결혼하는 모습을 기특하게 본 대학 동기들이 헹가래를 해 줬고, 교직에 있을 때 어린 여중 1학년생들이 단체무용 우승 후 담임인 필자를 아슬아슬하게 헹가래를 쳐 줬다.

긴 손잡이가 달린 나무판에 새끼줄을 두 줄로 길게 달아 한 사람은 손잡이를 잡고 두 사람은 줄을 당기며 반복해서 밀었다 당기면서 흙을 퍼 옮기는 도구가 **넉가래**다. 이제 넉가래 같은 가래의 모습을 보기는 힘들지만 그래도 쌓인 눈을 치우는 데 사용되는 **눈가래**가 있다. 또 하나 헹가래가 있다.

헹가래는 가래질의 '앞으로 뒤로'란 방향이 '위로 아래로' 다를 뿐이지 여전히 가래질의 모습을 닮아 있다. 그리고 '헤엄가래→헤엄가래→헴가래→헹가래'로 변해 왔다고 보고 '헹'이 '헤엄'에서 왔다는 풀이가 있기는 하다. 헹가래 모습을 떠올려 보면 수영 종목 중 배영이 연상되지 않는가.

'흑장미'는 검붉은 장미

임진강으로 흘러드는 한탄강은 한탄(恨歎)이 서린 강이 아니다. 큰[漢: 원래는 순우리말 '한'] 여울[灘]을 이루는 강이다. **한탄강(恨歎江)**이 아니라 한탄강(漢灘江)이다. 해장국은 창자[腸]를 풀어주는[解] 국이 아니라 숙취[酲]를 풀어주는 국이다. 원말은 **해정(解酲)국**이었는데 **해장국**으로 변했다.

한 가지만 더 소개한다. **흑장미(黑薔薇)**는 이름처럼 새까만 장미가 아니다. '검붉은' 색을 띤다. '검붉다'를 완결된 내용으로 표현하면 '검고 붉다'이다. '검다'의 어간 '검-'과 '붉다'의 어간 '붉-'이 결합해 완결된 표현이 아닌 **'검붉다'**라는 합성어를 이뤘다. 이런 경우의 합성어를 **비통사적합성어**라 한다.

사람들은 은연중에 비통사적합성어를 많이 쓰지만 거의 의식하지 않는다. 몇 가지 예를 들면 **덮밥(덮은 밥), 산들바람(산들 부는 바람), 곱슬머리(곱슬한 머리), 날뛰다(날듯이 뛰다), 부슬비(부슬부슬 내리는 비), 설익다(설게 익다), 오르내리다(오르고 내리다)** 등이다. 이들은 비통사적합성어지만 모두 표준어이다.

맛있는 우리말

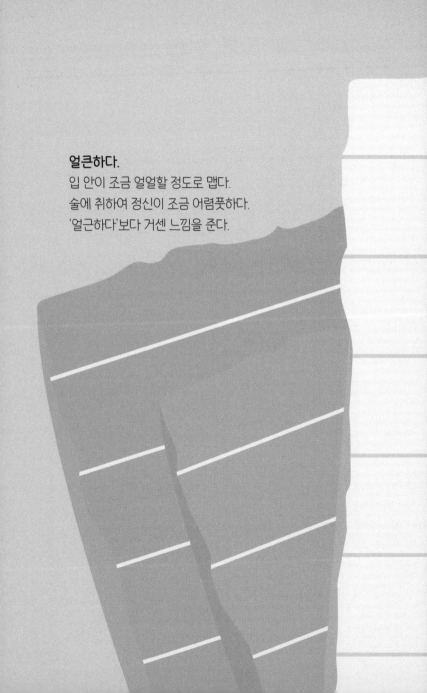

얼큰하다.
입 안이 조금 얼얼할 정도로 맵다.
술에 취하여 정신이 조금 어렴풋하다.
'얼근하다'보다 거센 느낌을 준다.

Ⅱ. 얼큰한 우리말

맛	있	는			
			우	리	말

'것'의 변신, '-거-게-건-걸'

 '것'이라는 의존명사는 말 그대로 자립적으로는 쓰이지 않고 다른 말에 기대서만 쓰인다. 필자의 생각으로는 '것'을 굳이 자립적으로 쓰려고 하다 보니 **'거시기'**라는 표준어가 생기지 않았을까 싶다. 실제 '것이'가 '거시기'로 됐다고 보는 학자가 있기도 하다.

 '것'이 구어적으로는 **'거'**로 변신하고 **'것이'**가 줄면 **'게'**로, **'것은'**이 줄면 **'건'**으로, **'것을'**이 줄면 **'걸'**로 변신한다. '것'은 의존명사여서 띄어 써야 하지만 **'까짓것, 날것, 뒤엣것, 들것, 몸엣것, 미친것, 별것, 쌍것, 아랫것, 아무것, 앞엣것, 어린것, 옛것, 젊은것, 촌것, 탈것, 풋것, 헛것'**처럼 복합어로 붙여 쓰이는 경우도 있다.

 특히 구어적 표현에서 **'거예요'**를 **'거에요'**로 잘못 쓰는 경우가 많이 발견된다. '것이다'가 어미 '-에요'를 만나면 '것이에요→거이에요→거예요'로 활용된다. 한편 비슷한 모양으로 서술어에서 '먹을걸', '먹을게'처럼 쓰이는 '-을게'와 '-을걸'은 의존명사가 아니라 종결어미로 쓰인 경우이다.

'알타리무'를 '거러마이'에 넣고

"박 교수님, 아까우면 거러마이에 너 가시라요."

중국에서 남은 음식을 아까워하는 필자에게 동료 교수가 했던 말이다. '아까우면 호주머니에 넣어 가십시오'라는 뜻인데 **'거러마이'**가 호주머니의 옌볜 지역 방언이라는 것을 그때 처음 알았다.

표준국어대사전에는 표준어와 비표준어를 엄격히 구별해 표제어로 싣고 있다. 예를 들어 **'알타리무'**를 찾으면 **'→총각무'**처럼 비표준어 표제어에는 표준어를 제시하고 있다. 또 **'짜장면'**을 찾으면 **'=자장면'**처럼 복수표준어도 제시하고 있다.

그리고 딱히 비표준어라고 단정하지는 않지만 표준어에는 해당하지 않는 종류의 단어도 많다. 예를 들어 '**싸게싸게**'를 찾으면 **'빨리빨리'**의 방언(전남)으로 나오고 **'해치(獬豸)'**는 **'해태'**의 원말, **'갑상선'**은 **'갑상샘'**의 전 용어로 나온다. 여기서 방언, 원말, 전 용어는 표준어에 해당하지 않는다.

한편 '여편네' 같은 비어, '개××' 같은 속어 등 비속어는 표준어에 해당하지만 인간관계에서 사용하면 안 되는 단어임을 아는 사람은 다 알 것이다.

소매는 '걷어붙이고', 옷은 '벗어부치고'

"봉투에 우표를 붙여 편지를 부친다."

왜 우표는 붙이고 편지는 부칠까? 먼저 **'붙이다'**는 주동사 '붙다'에 사동 형성 접미사 '-이'가 결합돼 만들어진 사동사이다. 따라서 '붙이다'는 '떨어지지 않게 하다'는 의미로 쓰인다. 뭔가에 붙게 하는 행위가 바로 '붙이다'이다. 우표를 봉투에 떨어지지 않도록 '붙이는 것'이다.

그러나 **'부치다'**는 '보내다'의 뜻으로 쓰이는 동사이다. '편지를 부치다(어디로 보내다)', '안건을 비밀에 부치다(비밀로 보내다)', '재판에 부치다(재판에 넘기다)', '표결에 부치다(표결에 넘기다)', '국민투표에 부치다(국민투표에 회부하다)'처럼 '어디로 보내다, 넘기다, 회부하다'의 의미로 쓰인다. 따라서 붙이다와 부치다는 구분해 써야 한다.

'소매를 **걷어붙인다**'는 소매를 걷어 (팔에) 붙이는 행위를 가리키는 말이다. 그러나 '옷을 **벗어부친다**'는 옷을 벗어(몸에서 분리해) 부치는(옷걸이로 보내는) 행위를 나타내는 말이다. 걷어붙이다와 벗어부치다는 둘 다 합성어로 붙여 쓴다.

고삼병, 'ㄱ-ㅅ-ㅂ'

대학교 입시를 준비하며 스트레스를 받는 고등학교 3학년 학생들에게 생기는 질병을 가리키는 유행어가 '**고삼병**'이다. 주로 두통이나 소화불량, 식욕감퇴 등을 겪는다고 한다.

'고삼병'이 축약 규칙을 설명하는 데 요긴하게 쓰인다. '고삼병'의 음절별 첫 자음이 '**ㄱ, ㅅ, ㅂ**'이기 때문이다. 이 'ㄱ, ㅅ, ㅂ'이 받침으로 쓰이면 뒤따르는 말이 축약되면서 '-하'가 탈락하게 된다. '-ㄱ하게'는 '-ㄱ게'로, '-ㄱ하지'는 '-ㄱ지' 등으로 줄여 쓸 수 있다는 것이다. 'ㅅ'과 'ㅂ'도 마찬가지로 쓰인다.

[ㄱ]: 신입사원도 회의에 **참석하게** 했다. → 신입사원도 회의에 **참석게** 했다. **짐작하건대** 올여름은 꽤 덥겠어. → **짐작건대** 올여름은 꽤 덥겠어.

[ㅅ]: 돼지는 언제나 **깨끗하지** 못해. → 돼지는 언제나 **깨끗지** 못해.

[ㅂ]: 이 업무는 신입사원에게 **적합하지** 않다. → 이 업무는 신입사원에게 **적합지** 않다.

'금(金)' 자 모양의 '피라미드'

피라미드는 흔히 고대의 왕이나 왕족이 묻힌 사각뿔 모양의 무덤을 가리킨다. 어원을 추적해 보면 피라미드의 그리스어 '퓌라모스'는 '케이크'를 가리킨다. 케이크를 닮았다고 해서 피라미드로 불린 것으로 보인다. 그런데 한자어로는 **금(金)** 자를 닮았다고해서 **금자탑(金字塔)**으로 불린다.

우리말에서 한자어는 여전히 뿌리 깊게 남아 널리 쓰이고 있는 반면에 한자는 점점 자취를 감추고 있다. 사이시옷 규칙을 설명하면서 '사이시옷은 고유어 사이에만 쓰이고 한자어 사이에는 쓰이지 않는다'는 설명에 어떤 말이 한자어인지 구별하기 어렵다는 젊은 세대의 반응이 이를 말해 준다.

그러나 한자어와 관련한 규칙이 존재하기 때문에 소홀히 할수 없다. 먼저 '치과'나 '대가'처럼 한자어와 한자어 사이에는 사이시옷을 쓰지 않는다는 규칙이 있고 '수확량'이나 '정보란'처럼한자어에만 접사로 '-량(量)'과 '-란(欄)'이 쓰인다는 규칙이 있다. 물론 '쓰레기양', '데이터양', '이름난'처럼 고유어와 외래어에는 '-양'과 '-난'으로 쓰인다.

쓸 수 없는 표현 '길리운', '졸리운', '불리운'

교열을 진행하다 보면 가끔 문법에 맞지 않는 표현이 눈에 띈다. '집에서 길리운 들고양이', '아기가 졸리운 듯 눈을 비빈다', '그는 금융계의 대부로 불리운다' 같은 표현이다. 여기서 **'길리우다, 졸리우다, 불리우다'**는 쓸 수 없는 표현이다.

단어에 '우'가 들어가는 경우는 4가지 정도로 볼 수 있다. ①**'드리우다', '싸우다'**처럼 기본형에 포함된 음절로 사용된 경우 ②**'비다→비우다', '피다→피우다'**처럼 기본형에 사동의 의미를 더하는 접미사로 쓰인 경우 ③**'타다→태우다', '서다→세우다'**처럼 기본형에 사동의 의미를 더하는 '-이우-' 형태로 쓰인 경우 ④**'고맙다→고마움', '반갑다→반가움'**처럼 기본형이 비읍불규칙으로 받침 비읍(ㅂ)이 '우'로 바뀌는 경우이다.

따라서 '길리우다, 졸리우다, 불리우다'는 위 4가지 중 어디에도 해당하지 않는 비표준어이다. '집에서 기른(길러진) 들고양이', '아기가 졸린 듯 눈을 비빈다', '그는 금융계의 대부로 불린다'로 해야 올바른 표현이 된다.

부드러운 '껍질'과 딱딱한 '껍데기'

어쩌다 S방송국의 '생활의 달인'이라는 프로그램에 나간 적이 있다. '끝말잇기' 달인을 상대하는 달인 역으로 출연한 것이다. 놀랐던 것은 심부름꾼, 동녘, 게르마늄의 끝말인 '-꾼'이나 '-녘', '-늄'처럼 첫음절로 쓰이지 않는 끝음절이 포함된 단어가 약 500개 된다는데 고등학생인 그 달인 친구는 그걸 죄다 외우고 있었다.

촬영에 들어가기 전 PD가 물었다. "뭐 하시는 분인지?" 문장에서 '조개껍질'이라는 틀린 단어가 보이면 '조개껍데기'로 바르게 고치는 사람이라고 대답했다. 하긴 요즘 단단한 **'껍데기'**와 부드러운 **'껍질'**을 구분하지 못하는 사람은 거의 없다. 그런데 표준국어대사전에는 **'조개껍데기'**뿐만 아니라 **'조개껍질'**도 합성어로 버젓이 올라 있다.

껍데기는 '단단한 물질'이라고 뜻풀이해 두고서도 '조개껍질'을 표준어로 올린 것은 누가 봐도 모순이다. 하긴 단단하지 않아도 껍데기라고 부르는 게 이분이 아니니까. 일상에서 쓰이는 이불 껍데기, 베개 껍데기도 있으니….

낳으면 나을 거야

최근 둘째를 임신한 며느리가 입덧을 심하게 겪으며 힘들어하는 모습을 보면서 마음속으로 되뇌었다. '낳으면 나을 거야.' 여기서 두 가지 기본형 **'낳다'**와 **'낫다'**는 의미도 다르고 발음도 다르며 활용도 다르다.

'낳다'는 '배 속의 아이, 새끼, 알을 몸 밖으로 내보내다' 등의 의미로 쓰이고 '낫다'는 '병이나 상처 따위가 고쳐져 본래대로 되다' 등의 의미로 쓰인다. 또 '낳-'은 단음이고 '낫-'은 장음이며 '낳다'는 '나타'로, '낫다'는 '낟따'로 발음된다. 그리고 '낳다'는 '낳으니, 낳아서'처럼 규칙적으로 활용되나 '낫다'는 '나으니, 나아서'처럼 불규칙적으로 활용된다.

'낫다'는 불규칙활용 중에서 시옷불규칙용언으로 받침 'ㅅ'이 탈락한다. 그간 학교문법에서 불규칙용언은 모두 9가지였으나 그중 '너라불규칙용언'의 '너라'가 종결어미로 인정되면서 현재는 'ㅅ, ㄷ, ㅂ, 르, 우, 여, 러, ㅎ' 등 8가지로 분류돼 있다. 참고로 필자는 강의에서 **'시다바루(르+우)여러해'**로 기억하게 한다.

온수를 '들이켜면' 딸꾹질이 멈춘다?

"딸꾹, 딸꾹, 딸꾹…."

대학 시절 같은 방에서 동숙하던 선배의 딸꾹질이 그치지 않았다. 슬며시 비법을 동원했다. "선배, 혹시 제 서랍에 있던 돈 못 보셨어요?" 깜짝 놀란 선배의 얼굴이 험하게 일그러졌다. "아니, 이 친구가…?" 그리고 말을 잇지 못할 정도로 화가 치미는 모양이었다.

어느새 선배의 딸꾹질은 사라졌으나 그의 노기는 오랫동안 사라지지 않았다. 그렇다. 갑자기 **놀래면** 순식간에 딸꾹질이 멈추기는 하는데, 그 사건 이후 다시는 이 비법을 사용하지 않는다.

'놀라게 하다'와 같은 의미로 쓰이는 '놀래다'는 '놀라다'의 사동형 동사이다. '놀라다'가 표준어이고 '놀래키다'는 비표준어이다. 그런데 왠지 표준어 '놀래다'보다는 비표준어 '놀래키다'가 더 익숙하게 다가온다. 이와 비슷한 예로 표준어 **들이켜다**와 비표준어 '들이키다'도 있다. '술을 거푸 들이키며 가족을 놀래켰다'를 '술을 거푸 들이켜며 가족을 놀랬다'라고 제대로 고쳐 쓰면 좀 이상한가?

'돌짐승'도 짐승?

퀴즈 하나. **'길짐승'**이란?

①길들여진 짐승 ②들에 사는 짐승 ③기어 다니는 짐승 ④길이가 긴 짐승

정답은 ③기어 다니는 짐승이다. ①소처럼 길들여진 짐승은 **'집짐승'**이고 ②늑대처럼 들에 사는 짐승은 **'들짐승'**이며 ④뱀처럼 길이가 긴 짐승은 **'긴짐승'**이다.

그 외에도 날아다니는 짐승은 **'날짐승'**, 육지에 사는 짐승은 **'뭍짐승'**, 산에 사는 짐승은 **'산짐승'**이다. 물개나 하마, 물소처럼 물에 사는 짐승은 **'물짐승'**이고 고래나 물개, 바다표범처럼 바다에 사는 짐승은 **'바다짐승'**이다.

그런가 하면 **'돌짐승'**도 있다. 무덤 주위나 고궁 등에 두는 설치물로 짐승의 형상을 새겨 만든 석물(石物)을 가리키는데 한자로 쓰면 석수(石獸)이다. 서울시의 캐릭터 '해치(獬豸)'도 돌짐승에 해당한다. 해치는 사자와 비슷하나 머리에 뿔이 있는 상상의 동물이다. 그런데 **'해치'**는 원말이고 **'해태'**가 변한말이다. 변한말이 국어사전 표제어로 등재돼 있다면 변한말을 쓰는 게 합리적이다. **'썰매'**라고 쓰지 누가 **'설마(雪馬)'**라고 쓰겠는가?

건배사 '따삐빠'

오래전 우연히 세종로에서 오존층 전문가로 유명한 인도인인 라젠드라 셴데(Rajendra Shende) UNEP 파리지부장을 만났다. 그가 묵고 있는 호텔 레스토랑의 저녁 자리에서 "위하여!"라는 깜짝 한국어 건배사에 놀란 적이 있다.

건배사라면, 선배들과 함께한 회식 자리에서 '**9988234**(99세까지 팔팔하게 살다가 이삼 일 앓고 죽자)'를 듣고 한참 웃은 적이 있다. 최근에는 '**따삐빠**(따지지 말고, 삐지지 말고, 빠지지 말자)'라는 재미있는 건배사도 있다는 것을 알게 됐다. 친구 다지기에 필요한 요소를 담은 건배사라고 한다.

따지다, 삐지다, 빠지다의 '**지다**'는 기능이 다양하다. ①'해가 **지다**'처럼 동사로 ②'만들**어지다**'처럼 본용언 '만들다'의 보조동사로 ③'천년만년 살고 **지고**'처럼 본용언 '살다'의 보조형용사로 ④'값**지다**'처럼 명사와 결합되는 접미사로 다양하게 쓰인다. 그러나 **따지다, 삐지다, 빠지다**는 모두 '지다'가 포함돼 있지만 복합어는 아니다. 모두 분리가 불가능한 단일어.

홍어찜을 '먹었었다'

사위 생일날에 아들, 사위와 함께 사위가 좋아하는 요리를 찾아 홍어 전문 식당으로 향했다. 홍어숙회를 좋아하는 필자도 홍어찜만은 독하다 못해 역겨울 정도로 삼키기가 어렵다는 것을 그날 처음 알았다. 억지로 **먹었었지만** 그날 이후 다시는 먹지 않았다.

시제의 의미를 더하는 선어말어미 '-었-'과 '-었었-'은 쓰임에서 차이가 좀 있다. '-었었-'은 '하였었다'처럼 '-였었-'으로, '보았었다'처럼 '-았었-'으로도 실현된다. 문법에서는 '-었-'을 과거, '-었었-'을 **대과거**로 분류하기도 한다.

아무리 오래전의 경험이라 해도 굳이 '먹었었다'처럼 쓸 필요는 없다. 그런데 '우리는 홍어찜을 먹었다'와 '우리는 홍어찜을 먹었었다'라는 두 표현에는 분명한 차이가 있다. '먹었다'는 그날도 먹고 지금도 먹는다는 의미가, '먹었었다'는 그날 먹었지만 지금은 먹지 않는다는 의미가 깔려 있는 표현이다. 그 차이는 '-었었-'이 '단절된 과거의 사건'을 나타낼 때 종종 쓰이는 선어말어미라는 데서 온 것이다.

생일에 끓여먹는 '멱국'

'션찮다'는 '시원찮다'의 약어(준말)이고 신조어 '복세편살'은 '복잡한 세상 편하게 살자'의 약어이다. 이처럼 우리말에서 **약어**는 단어가 일부 줄어든 것(준말)과 각 단어에서 한 음절씩 뽑아 만든 어휘로 나뉜다. 물론 줄여 쓴다고 해서 모두 표준어는 아니나 표준어로 쓰이는 단어도 적지 않다.

"다들 점심은 **어케** 해결하시나요?", "우리 동네는 맛있게 하는 음식점이 **그닥** 많지 않아요.", "**그치만** 무엇으로든 점심은 해결해야지요." 이들 세 문장에 쓰인 준말 '어케(→어떻게)'와 '그닥(→그다지)', '그치만(→그렇지만)'은 비표준어이다.

"밥 먹기 **앰한** 시간이라 **오랍**과 **뷐**에 들어가 **울** 엄마가 만들어둔 **멱국**과 **외소박이**를 나눠 먹었다." 이 문장에 쓰인 준말 '앰하다(=애매하다)', '오랍(=오라버니)', '뷐(=부엌)', '울(=우리)', '멱국(=미역국)', '외소박이(=오이소박이)'는 표준어이다.
감탄사 **얼씨구**의 준말은 **얼쑤**이고 **와**의 본말은 **우아**이다.

바나나와 파인애플은 '과일'이 아니다?

대학 다닐 때 수학여행지가 제주도였다. 파인애플 농장에 도착했을 때 농장 어디에도 파인애플이 주렁주렁 달린 나무는 없었다. 1970년대 중반, 그 당시는 그랬다. 과일인 줄 알았던 파인애플은 과일이 아니었음을 깨달은 것이다.

그렇다. **파인애플**도 **바나나**도 **과일**로 보기는 어렵다. '나무에 달린 열매'가 과일이기 때문이다. 사과와 배 등은 과일이라 할 수 있지만 수박이나 참외, 파인애플, 바나나는 과일이라기보다는 **'과채'** 또는 **'과채류'**로 분류된다.

정리하면 ①나무에 달리는 것만 과일이다(사과, 배, 감, 밤 등). ②채소로 먹는 열매는 과채이다(가지, 오이, 토마토 등). ③과일처럼 먹는 열매채소나 과채는 과채류이다(가지, 오이, 수박, 참외, 바나나, 파인애플 등).

한마디로 바나나와 파인애플은 채소(넓은 의미)라고 해도 되고 과채(과일+채소)라 해도 되며 과채류라고 해도 된다. 그러나 과일이라고 할 수는 없다. 바나나도 파인애플도 나무에 열리는 열매가 아니라 풀에 맺히는 열매이기 때문이다.

'부실'과 '찻잔'은 규칙의 예외?

'원칙'은 '기본적인 규칙이나 법칙'이다. 이 말은 '기본적이지 않는 것이 존재한다'는 의미를 내포하는 것으로 본다. 즉, '원칙'은 '규칙'과 달리 '예외'가 있을 수 있음을 전제한다. 예를 들면 접사 **불(不)**은 'ㄷ', 'ㅈ'으로 시작하는 명사 앞에 붙으면 '부'가 된다는 원칙이 있다. '불도덕, 불정확, 불자유'가 아니라 '부도덕, 부정확, 부자유'로 된다는 것이다.

그런데 'ㄷ'이나 'ㅈ'이 아닌데도 '부'로 되는 단어가 하나 있다. 바로 **부실(不實)**이다. 이를 국립국어원에서는 "부실은 예외적으로 리을이 탈락해 규칙으로 설명하기 어렵습니다."라고 답변한다. 이런 경우가 기본 규칙의 예외이다.

그렇다면 **찻잔**도 기본 규칙의 예외라고 생각하는 사람이 있다. 이 경우는 좀 애매하다. 사이시옷 기본 규칙에는 한자어끼리 결합하면 사이시옷을 넣지 않는 대신 6가지 예외를 명시하고 있다. 찻잔은 6가지 예외에 포함되지 않는다. 왜냐하면 '차'를 한자[茶]로 보지 않고 고유어로 보기 때문이다.

금강산에서 체험한 '북한어'

　금강산 관광길이 열린 초창기에 금강산 관광 기회를 얻었다. 만물상 관광을 끝내고 내려오는 길에 북한인 한 사람을 만났다. 그는 북한 안내인을 배정하고 관리하는 간부였다. 하산하는 동안 2시간 가까이 그에게 북한어 강의(?)를 들어야만 했다. 내려와서 통일되면 다시 만나기로 약속하고 헤어졌다.

　그는 세 가지 질문으로 말문을 열었다. '남에서는 왜 아직도 **두음법칙**을 따르느냐와 왜 **한자**를 아직 쓰고 있나, **외래어**는 왜 그리 많이 쓰느냐'였다. 그러고는 대답도 듣기 전에 북한어 쓰임을 쏟아냈다. 사실 북한에서는 두음법칙이란 게 없고 한자는 아예 안 쓴다. 그러나 외래어는 대부분 순화해 쓰지만 '삥끼'나 '땅크'처럼 일부 키릴어 발음과 비슷하게 사용되고 있다.

　다른 건 몰라도 두음법칙은 남북이 확연히 갈린다. 북한에서는 아예 무시하지만 남한에서는 철저하게 적용한다. 그러나 남한에서도 예외는 있다. '몇 **년(年)**'과 '몇 **리(里)**', '그럴 **리(理)**가 없다', '몇 **냥/냥쭝**', '**리**을', '**라**장조/단조' 같은 경우이다.

'새서방'은 신랑, '샛서방'은 내연남

'새서방'은 '신랑'의 다른 표현이고 **'샛서방'**은 '내연남'을 뜻하는 말이다. 이처럼 사이시옷 유무에 따라 뜻이 달라지는 단어도 있다.

'거지꼴'은 '초라한 모습', **'거짓꼴'**은 '거짓으로 꾸민 모양'.

'나무조각(나무彫刻)'은 '목조각(木彫刻)', **'나뭇조각'**은 '나무를 쪼갠 조각'.

'머리방'은 '미용실', **'머릿방'**은 '안방 뒤에 딸린 방'.

'새별'은 '신성(新星, 북한어)', **'샛별'**은 '금성'.

'배 속'은 '배안'을 가리키는 말, **'뱃속'**은 '마음'의 속어, 즉 '심보'.

'고기 배'는 '물고기의 배', **'고깃배'**는 '고기잡이 배'.

한편 **'진돗개'**가 표준어이지만 진도에서는 **'진도개'**라고 표기한다. 진도군에는 진도개축산과가 있고 진도개테마파크가 있다. 관련 법령도 한국진도개보호육성법(진도개법)이며 천연기념물 제53호로 지정된 동물의 공식 명칭은 '진돗개'가 아니라 '진도의 진도개(珍島의 珍島犬)'이다.

'암수' 다음엔 '돼-캐-닭-탕'

"어둠의 숫사자와 앙칼진 암코양이."

어느 일간신문 스포츠 기사의 제목이다. 결론을 먼저 말하면 틀린 표현이다. '어둠의 수사자와 앙칼진 암고양이'라고 해야 어법에 맞는 표현이다.

어문규범에 따르면 접두사 '수-'를 '숫-'으로 쓸 수 있는 동물은 3가지, 즉 숫양, 숫염소, 숫쥐뿐이다. 강의할 때는 수강생에게 '양념쥐'나 영어 단어 첫 글자를 따서 'MSG'로 외우라고 권하기도 한다.

또 접두사 '암-'이나 '수-'와 결합하는 뒷말의 초음을 격음(거센소리)으로 적는 경우는 모두 6가지인데 동물은 **'돼지'**, **'개(강아지)'**, **'닭(병아리)'**, **'당나귀'** 등 4가지뿐이다. 암(수)돼지, 암(수)캐, 암(수)닭, 암(수)탕나귀인데 물론 강아지나 병아리도 적용돼 암(수)캉아지, 암(수)평아리가 된다.

이렇게 되는 이유는 '암'과 '수'가 원래 고어에서 **'숳'**, **'앓'**처럼 'ㅎ'을 품고 있었기 때문이다. 그래서 뒷말의 초음이 히읗(ㅎ)을 만나면서 축약 현상이 일어나 격음이 된다는 것이다.

'순댓국+밥'? '순대+국밥'?

받침 없는 말 뒤에 '-국'이 붙으면 앞말에 사이시옷을 첨가한 다고 보면 된다. 순댓국, 김칫국, 감잣국, 고깃국, 근댓국처럼 말 이다.

돼지고기를 삶은 물에 순대를 넣고 끓인 국을 순댓국이라 한 다. 어문규정에 따라 사이시옷을 첨가하는 게 맞는 표현이다. 그 런데 그 말 뒤에 '-밥'을 붙이면 '순대국밥'이라고 해야 할까, '순 댓국밥'이라고 해야 할까?

불행하게도 표준국어대사전에는 '-국밥'이 결합된 복합어는 장국밥과 따로국밥, 술국밥, 첫국밥 정도 올라 있다. 순대국밥도 순댓국밥도 없다. 다만 우리말샘에 '순대국밥'과 '순댓국밥'을 모두 올려놓고 '순대국밥'을 규범 표기로 취하고 있다. 과연 이 게 맞을까?

순대를 넣은 국밥과 순댓국에 밥을 만 음식은 같은 국일까? 참 묘하다. 순대를 넣어 끓인 국밥은 '순대+국밥'일 테고 순댓국 에 밥을 말아 끓인 음식은 '순댓국+밥'일 것이다. 그렇다면 두 가 지 다 맞는 표현으로 봐야 하지 않을까? 이 또한 우리말의 묘미가 아닐까 싶다.

손이 '시려워' 꽁, 발이 '시려워' 꽁

"손이 시려워 꽁 / 발이 시려워 꽁 / 겨울바람 때문에 꽁꽁 꽁…."

겨울바람이 매섭게 불면 생각나는 동요이다. 이 동요의 노랫말 중에 **'시려워'**가 표준어가 아니라는 사실을 아는 사람은 다 안다. 이 동요는 1977년에 창작되었고 한글맞춤법은 1988년에 고시되어 1989년에 시행되었으니 그럴 만도 하다.

'시려워'가 현재는 오류이다. '시려워'로 활용되려면 **'시렵다'**라는 기본형이 전제돼야 하는데 '시렵다'는 비표준어이다. '시렵다'가 표준어라면 비읍불규칙활용이 이뤄져 '시려워'가 가능하다. 추위를 느끼는 정도를 나타내는 형용사는 **'시리다'**이다. '시리다→시리어(시려)'로 활용된다. 바르게 고치면 '손이 시리어 꽁 / 발이 시리어 꽁…'이 될 것이다.

교열사의 눈에는 노랫말 오류가 제법 많이 띈다. 가사를 고치기 어렵다면 '오류'라는 사실만이라도 알았으면 좋겠다는 생각이 든다. '바램이었소→바람이었소, 거치른 벌판으로→거친 벌판으로, 웃을려고 왔던가→웃으려고 왔던가, 웃을까 울을까→웃을까 울까.'

가리키는 말과 부르는 말 '씨', '님', '자'

우리나라에서는 지칭(가리키는 말)과 호칭(부르는 말)을 정확하게 가려 쓰기가 쉽지 않다. 높임법이 거의 적용되지 않는 외국에서는 상대의 이름이 뭔지만 알면 이름만 불러도 전혀 문제가 없다. 우리나라에서 이름만 부를 수 있는 경우는 자식이나 친구, 친한 후배 정도에 그친다. 이름이나 직위 뒤에 뭔가를 붙여서 불러야 한다.

이름 뒤에는 주로 ○○○ 님, ○○○ 씨, ○○○ 이사님처럼 **님**이나 **씨**, **직책+님**을 붙인다. 이름 뒤의 님과 씨는 의존명사로 띄어 쓰고 직위 뒤의 님은 접사여서 붙여 쓴다. 연장자에게 '○○○ 씨!'라고 할 수 없고 '저는 ○씨예요'처럼 자기 성씨로 쓸 수 없다.

자기 아버지를 남 앞에서 '저의 **아버님**'이라고 부르면 결례이다. '**아버지**'라고 해야 한다. '아버님'은 돌아가신 아버지나 시아버지, 장인, 남의 아버지 호칭이다. 집안 어른의 성함을 '○(성), ○자, ○자입니다'라고 소개할 수 있는데 성에는 **'자'**를 붙이지 않는다. 그러나 자신의 이름에 '자'를 붙여 소개하는 것은 결례이다.

우셋거리의 '거리', 새벽녘의 '녘'

야당 의원이 여당 의원 되면 야당 시절 여당 의원이 했던 말을 되씹는다. 여당 의원이 야당 의원 되면 여당 시절 야당 의원이 했던 말을 되씹는다. 우리 정치는 이렇게 흘러 왔다. 그전에 무슨 말을 했는지는 아랑곳하지 않는다. 참으로 우세스럽다. 놀림과 비웃음을 받을 만한 모습이다.

'우세스러울 만한 거리'를 줄여 쓰면 **'우셋거리'**가 된다. 이때 **'거리'**는 의존명사이다. 우리말 띄어쓰기 규칙에 따르면 조사와 어미, 접사는 붙여 쓰고 의존명사는 띄어 쓴다. 그렇다고 의존명사는 무조건 띄어 써야 한다고 우기면 창피를 당할 수도 있다. 앞말에 기대어 붙여 쓰는 **늙은이**의 **'이'**, **새벽녘**의 **'녘'**도 의존명사이다.

'거리'가 앞말에 기대어 붙어 있다고 해서 무조건 의존명사라고 우기면 이 또한 창피거리가 될 수 있다. '비하'의 뜻이나 주기적인 '동안'의 뜻을 더하는 기능을 할 때의 '-거리'는 의존명사가 아니라 접미사이다. 떼거리, 짓거리나 하루거리, 달거리 등을 예로 들 수 있다.

접미사 놀음 '작렬', '파열', '균열'

작렬(炸裂), 파열(破裂), 균열(龜裂).

이 세 단어에는 맞춤법 규칙이 숨어 있다. 바로 1988년 1월 그 당시 문교부에서 한글맞춤법을 고시할 때 확정된 규칙이다. 한글맞춤법 제11항 단서인 "모음이나 'ㄴ' 받침 뒤에 이어지는 **'렬, 률'**은 **'열, 율'**로 적는다."가 그것이다.

'파열'의 열(裂)은 모음에 이어져, '균열'은 'ㄴ'에 이어져 '열'로 적은 것이다. 당연히 '작렬'은 원래의 한자 발음대로 '렬'로 적는 것이다. 그러나 한 가지 유의해야 할 것은 '작렬(炸裂)'은 터져서 쫙 퍼진다는 뜻이고 **'작열(灼熱)'**은 이글이글 뜨겁게 타오른다는 뜻이다. 태양은 작열한다. '태양이 작렬한다'고 쓰면 큰일 난다. 그러면 지구는 종말을 맞게 된다.

출생률(出生率)과 부화율(孵化率), 출산율(出産率)도 같은 규칙에 따라 표현된 것이다. 출생률은 아기가 태어난 비율이고 출산율은 아기를 낳은 비율이며 부화율은 부화된 알의 비율이다. 정부 부처에서는 여성을 배려해 출산율보다는 출생률로 쓰기를 권장하고 있다.

어떻게 발음할까? '전문의의 의술'

강의실에서 '의'와 '외', '왜', '웨'의 발음을 구분해 달라는, 참으로 대답이 난감한 질문을 받은 적이 있다. 나름대로 애써 구분해 발음해 봤지만 발음의 한계를 도저히 넘어설 수 없었다. 그래도 발음을 정확하게 들려줄 수 있었던 것은 '의'였다. 왜냐하면 '의'는 경우에 따라 3가지 발음이 가능하기 때문이다.

'전문의의 의술'을 예로 들면 ①'전문의'의 '의'는 [이]로도 발음이 가능하고 ②'전문의의'의 마지막 '의'(관형격조사)는 [에]로도 발음이 가능하지만 ③'의술'의 첫음절인 '의'는 반드시 [의]로 발음해야 한다. 따라서 [전문이에 의술]이란 발음도 가능하고 [정이에 여신(←정의의 여신)]이란 발음도 가능하다. '의의가 있는 삶'은 [의이]로 '의의 길'은 [의에]로도 가능하다.

만약 '의'가 들어 있는 가사로 합창을 한다고 했을 때 '의'의 발음을 통일하지 않으면 [의]와 [이], [에]의 발음이 뒤섞여 들릴 수도 있다. 필자의 지인인 어느 합창단 지휘자는 '의'의 발음을 통일한다.

'전셋값'과 '전세금'

보고서를 교열하다 보면 여러 가지 '**값**'이 많이 등장한다. 값은 '사고파는 물건에 매겨진 액수'를 나타내는 말이며 값을 어근으로 한 동사는 '**값하다**', 형용사는 '**값있다**', '**값없다**', '**값싸다**', '**값비싸다**' 등이 있다. '값'은 고유어이므로 선행하는 말이 고유어든, 한자어든 규칙에 따라 '값'이 된소리 '깝'으로 발음되므로 사이시옷을 넣어야 한다.

고윳값, 근삿값, 극댓값, 극솟값, 기댓값, 대푯값, 시셋값, 유횻값, 전셋값, 절댓값, 최곳값, 최젓값, 최댓값, 최솟값, 함숫값, 해웃값

명사인 '값'은 같은 의미의 한자어 접미사 '-가(價)'나 '-치(値)'로도 표현된다. '-가'와 '치'는 한자어이기에 선행하는 말이 한자어라면 당연히 사이시옷이 쓰이지 않는다. **전셋값**과 **전셋돈**은 전세(專貰)가 한자어이긴 하지만 값과 돈이 고유어라서 사이시옷을 받쳐 적는다. 그러나 **전세가**나 **전세금**은 '-가(價)'와 '-금(金)'이 한자어이므로 사이시옷을 쓸 수 없다.

줄어드는 '준말'과 '약어', '축약'

준말과 약어, 축약은 '줄다'라는 공통의 의미가 있으나 엄밀히 말하면 차이가 있다. 학교문법에서 제시하는 음운변동 중 한 가지인 축약은 준말이나 약어를 포함하는 개념으로 볼 수 있다. 이 세 가지가 모두 표준어로 쓰이지는 않는다.

'**간두다**(그만두다)', '**션찮다**(시원찮다)', '**오랍**(오라버니)'처럼 음절이 줄어든 경우는 준말에 해당한다. '**내로남불**(내가 하면 로맨스 남이 하면 불륜)', '**UN**(United Nations)'은 단어의 초음을 결합해 만든 낱말로 약어에 해당한다. '**조코**(좋고)', '**구콰**(국화)'처럼 자음이 줄어들면 자음 축약이라 하고 '**얘기**(이야기)', '**애**(아이)'처럼 모음이 줄어드는 경우는 모음 축약이라 한다.

최근 국립국어원에서는 표준국어대사전에 '**난**'을 '나는'의 준말로 표제어에 올렸다. 받침 없는 대명사 모두에 해당하는지는 확인해 봐야 할 것이다. '전(저는)', '저흰(저희는)', '우린(우리는)'은 그렇다 해도 '근(그는)' 또는 '그년(그녀는)'은 이상하지 않은가.

어린 시절 경험 '천렵'과 '서리'

어린 시절 생각나는 두 가지, 천렵(川獵)과 서리이다. 친구들과 냇가에서 종일 물고기를 잡다 보면 햇볕에 몸이 새카맣게 그을려 몹시 쓰렸다. 남의 밭에서 밀이나 콩을 몰래 베어 와서 모닥불에 그슬려 먹었다. 몸은 햇볕에 그을렸고 밀이나 콩은 모닥불에 그슬렸다.

'**그을리다**'는 햇볕이나 연기 불에 오래 쬐어 검게 되는 현상을 표현할 때 쓰는 말이다. 영어로 옮기면 선탠(suntan) 또는 심하게 물집이 생길 정도로 태우는 선번(sunburn)이 된다. 이에 비해 '**그슬다**'는 불에 겉만 살짝 타게 하는 현상을 표현할 때 쓰는 말이다. 영어로는 브라운(brown) 등 다양하게 표현되는데 스테이크 요리에서 레어(rare, 살짝 익힌) 정도로 보면 좋을 것 같다.

이렇게 '그을다'와 '그슬다'는 의미 차이에 따라 구분해 써야한다. 따라서 '햇볕에 까맣게 그슬린 피부'라든지 '촛불에 그을린 머리카락' 같은 표현은 잘못 쓰인 예로 '햇볕에 까맣게 그을린 피부'로, '촛불에 그슬린 머리카락'으로 바꿔 써야 한다.

학여울은 '하겨울', '항녀울'?

중국해양대학에서 중국 학생들에게 **'윗어른'**이 아니라 **'웃어른'**으로 써야 한다는 설명을 하고 있었다. 바로 그때 한 학생이 대뜸 발음을 따지고 들었다.

"교수님, 왜 [우더른]이라고 하셔요? [우서른]이 맞잖아요. [우듬]이 아니라 [우슴]이잖아요." 혼자 '웃음'을 머금으며 설명했던 기억이 새롭다.

우리말에서 특히 복합어의 표준 발음은 쉽지 않다.

'맛있다'는 [마딛따], [마싣따] 모두 가능하지만 **'맛없다'**는 [마덥따]만 가능하고 [마섭따]는 인정하지 않는다. **'색연필'**은 [새견필]이 아니라 [생년필]이고 **'학용품'**은 [항뇽품]이 아니라 [하공품]이다. 형태소로 분석하면, '색+연필', 학용+품'이기에 그렇다.

수능 문제로도 출제되었던 지하철역 이름 **'학여울'**은 [하겨울]이 아니라 [항녀울]이다. 그래도 미스 내비게이션은 여전히 [하겨울역]이라고 안내한다. 소리 나는 대로 옮기는 로마자 표기법에 따라 적으면 '학여울'은 'Hageoul'이 아니라 'Hangnyeoul'이 된다.

접미사 '하다'와 '시키다'

접미사 기능을 하는 '-하다'와 '-시키다'는 잘못 쓰면 어색한 표현이 된다. 주로 '-하다'를 써야 할 자리에 '-시키다'를 쓰는 경우가 많다. 세 가지로 분류해 간략하게 설명한다.

첫째, '접목', '관철', '환기', '결부', '고정', '완성', '소개'처럼 '하게 하다'라는 사동의 의미가 있는 낱말은 '-하다'를 써야 한다. '신기술을 **접목시킨** 신제품.'(×) '신기술을 **접목한** 신제품.'(○)

둘째, '교육', '등록', '복직', '이해', '접수', '입원', '화해', '만족', '취소', '진정'처럼 '-하다'를 쓰면 주동형 의미, '-시키다'를 쓰면 사동형 의미가 되는 단어는 가려 써야 한다. '나는 아들이 한 말을 **이해했다**.'(○) '나는 아들이 한 말을 아내에게 **이해시켰다**.'(○)

셋째, '집합', '해산', '향상', '오염'처럼 주동과 사동의 의미가 공존하는 낱말은 어울리는 대로 쓰면 된다. '자동차 매연이 대기를 **오염한다**.'(○) '자동차 매연이 대기를 **오염시킨다**.'(○)

윗사람에게도 '명령'이 가능하다?

우리말 문법에서 **서법**은 평서법, 의문법, 감탄법, 명령법, 청유법 등 5가지로 구현된다. 가끔 윗사람에게도 **명령법** 표현이 가능한가 하는 질문을 받을 때가 있다. 물론 가능하다. 낮춤 표현에서 명령형이 종결어미 **'-(어)라'**로 실현된다면 높임 표현에서는 **'-오'**로 실현된다. 따라서 대우법에서 **'해라'**는 **하대(下待)**, **'하게'**는 **평대(平待)**, **'해요, 하셔요, 하세요'**는 **상대(上待)** 명령형에 해당한다.

아는 분 중에 전화로 한글맞춤법을 자주 물어보시는 분이 있다. 얼마 전 '하세요'와 '하셔요'의 차이점을 물어보셨다. 결론부터 말하면 둘 다 '-시어요'의 준말로 표준어이고 의미에서도 차이가 없다. 어느 표현이 먼저 쓰였고 어느 것이 후에 쓰이게 되었는지 그 이유 또한 뚜렷하지 않다.

다만 '하세요'나 '하셔요' 둘 다 선어말어미 '-시-'가 결합돼 '해요'보다 높임말임에는 틀림없다. 두 표현의 차이라면 문자를 주고받을 때 명령의 강도가 '하세요'보다는 '하셔요'가 약하게 받아들일 수 있다는 점일 것이다.

'함께하고' '같이하는' 삶

필자는 교직을 거치면서 제자가 많다 보니 가끔 주례를 서는 일도 있었다. 이제는 제자 대부분이 50대이거나 젊다고 해 봐야 40대 후반이니 언제부터인가 주례 청탁이 사라졌다. 신랑 신부 서약 때 많이 등장하는 구문이 "기쁠 때나 슬플 때도 함께하고…"가 아닐까 싶다.

'함께하다'가 **'같이하다'**와 같은 의미로 사전에 복합어로 올라 있다. 그러나 모두 복합어로 쓸 수 없는 경우가 있다. 물론 사전 뜻풀이대로 '뜻이나 행동, 때'를 동일하게 취할 때 붙여 쓰이기는 하나, 문제는 '행동'은 어떤 행동이냐에 따라 붙여 쓸 수 없는 경우가 있다.

①'우리는 생사고락을 함께할 것이다.', ②'우리는 언제나 집안일을 함께 한다.' 이 두 문장을 비교하기 위해 '함께'를 없애거나 위치를 옮겨 보면 '함께하다'의 띄어쓰기가 쉽게 풀린다. ①'우리는 생사고락을 할 것이다(×)', ②'우리는 언제나 집안일을 한다(○)' 한 가지만 알면 된다. ②처럼 '함께'를 버리든지 위치를 옮겨도 비문이 아니면 띄어 쓰면 된다. '같이하다'도 마찬가지이다.

'화나도' '화내지' 말자

화나면 화내야 한다? 누구나 화(火)가 나지만 모두가 화를 내지는 않는다. 화나도 화내지 않고 참는 사람도 많다. 그러나 화나도 화내지 않고 계속 참다 보면 병이 되는 경우도 있다. **화병(火病)**이다. 홧병은 비표준어이다. 화낼 수 없어서 만만한 사람이나 엉뚱한 곳에 화풀이하면 비겁한 사람이 된다.

'화나다'와 **'화내다'**는 둘 다 동사이지만 쓰임이 다르다. '화가 나다'와 '화를 내다'가 조사가 생략되어 비통사적으로 결합된 합성어이다. 여기서 **'나다'**는 주동사, **'내다'**는 사동사이다. 따라서 '화나다'는 '화가 생긴다'는 의미로 쓰이고 '화내다'는 '화를 나타낸다'는 의미로 쓰인다.

한자어 화(火)와 같은 의미로 순우리말 '골'이나 '성'이 있다. 동사 쓰임도 같다. **'골나다'**나 **'성나다'**는 화가 생기는 것을, **'골내다'**나 **'성내다'**는 화를 나타내는 것을 뜻한다. 화난다고 화내는 사람, 골난다고 골내는 사람, 성난다고 성내는 사람을 좋아하는 사람은 드물다. 엉뚱한 데 화풀이하는 사람을 좋아하는 사람은 더더욱 드물다.

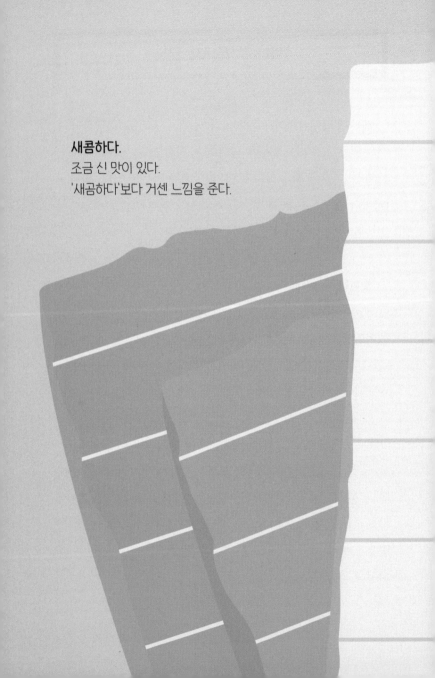

새콤하다.
조금 신 맛이 있다.
'새곰하다'보다 거센 느낌을 준다.

Ⅲ. 새콤한 우리말

맛	있	는			
			우	리	말

접사 '-대다'와 보조동사 '-어 대다'

한국어와 관련해 강의도 진행하고 글도 써서 공개하다 보니 여러 가지 매체를 통해 다양한 질문을 많이 받는 편이다. 그중에는 쉽게 대답하기 곤란한 아주 까다로운 질문이 많다. 여기서 주제로 삼은 **'대다'**도 포함된다. '심하다' 또는 '반복하다'는 의미를 더하는 기능을 하는 '대다'는 보조동사로도 쓰이고 접사로도 쓰이면서 띄어쓰기에 혼란을 줄 수 있는 형태소여서 헷갈린다.

'까불다'의 파생어 **'까불대다'**의 '-대다'는 접사로 쓰여 붙여 쓰지만 **'까불어 대다'**는 '-어 대다' 형식의 보조동사이므로 띄어 쓰는 것이 원칙이다. 그런데 한글맞춤법에서 '본용언+아/어+보조용언'은 붙여 쓰는 것도 허용하므로 붙여 쓸 수도 있다. '까불어 대다'도 가능하고 **'까불어대다'**도 가능하다는 말이다.

이 '까불대다'에 쓰인 접사 '-대다' 대신에 **'-거리다'**를 쓸 수도 있다. 따라서 **까불대다**와 **까불거리다**, **깝죽대다**와 **깝죽거리다**, **출렁대다**와 **출렁거리다**, **씩씩대다**와 **씩씩거리다** 모두 같은 의미로 쓰인다. 이들 표현은 반드시 붙여 써야 한다.

'꿈같은' 띄어쓰기

문서 교열이 본업인 필자는 꿈에서도 교열하는 경우가 많은 편이다. 그런데 단 한 번도 생시처럼 깔끔하게 교열이 이뤄진 적은 없었다. 생시에서는 **꿈 같은** 교열이 이뤄지지 않으니 얼마나 다행인지 모른다. 한글 문서에서는 바로 앞 문장의 '꿈 같은'에 빨간 밑줄이 보인다. 과연 띄어쓰기 오류일까?

물론 '**꿈같다**'가 합성어로서 '꿈같이', '꿈같은'으로 활용되는 경우도 있다. '세월이 매우 빠르다', '덧없고 허무하다', '매우 좋아서 현실이 아닌 것 같다'의 의미로 쓰인다. 그러나 '꿈에서와 같다', '꿈과 같다'는 의미의 경우에는 합성어로 보기보다는 조사를 생략한 구조로 띄어 써야 옳다.

'**감쪽같다, 귀신같다, 득달같다, 똑같다, 목석같다, 불꽃같다, 생때같다, 실낱같다, 쏜살같다, 억척같다, 주옥같다, 철석같다, 한결같다**'처럼 굳어져 쓰이는 합성어는 '같다'를 '동일하다'는 의미로 보기보다는 '비교하여 그것과 다르지 않다' 정도의 의미로 쓰여 붙여 쓴다.

시간의 길이 '동안'

원래 '**동안**'은 '어느 한때에서 다른 한때까지 시간의 길이'를 나타내는 명사로서 '한 해 동안'처럼 선행어와 띄어 쓰는 게 옳다. 다만 '**그동안**', '**오랫동안**', '**한동안**'은 복합어이므로 붙여 쓴다. '오랫동안'을 '오랜동안'으로 잘못 쓰는 경우도 가끔 발견된다. 또 '기간 동안'이란 표현은 의미가 중복되는 겹말이므로 '기간에' 정도로 고쳐 쓰는 게 바람직하다.

'동안' 또는 '진행'의 의미가 있는 '**중(中)**'은 의존명사이므로 띄어 써야 한다. '**연중(年中)**'이나 '**월중(月中)**', '**주중(週中)**', '**밤중(밤中)**' 외에는 복합어로는 거의 쓰이지 않는다. 따라서 '공사 중', '근무 중', '수업 중', '회의 중', '식사 중', '강의 중'처럼 모두 띄어 써야 한다.

주로 관형사형 '-ㄴ'이나 '-는' 다음에 쓰이는 명사 '**가운데**'도 띄어 써야 한다. 붙여 쓰는 경우는 '**한가운데**'밖에 없다. 한가운데는 '**한중간**'과 같은 의미로 쓰인다. '중가운데'라는 표현은 북한어로 분류된다.

'만큼'의 세 얼굴

"저만치 앞서가는 님 뒤로 그림자 길게 드린 밤…" 가수 노사연의 노래 '님 그림자'의 첫 소절이다. **저만치**는 **저만큼**과 같은 말이고 **만치**도 **만큼**과 같은 말이다. 만치도 만큼도 자립어가 아니고 의존어이다. 우리말에서 의존어로 쓰이는 단어는 조사와 의존명사, 어미이다. 만치나 만큼은 **조사**, **의존명사**, **어미**로 두루 쓰이는 특이한 형태소이다.

①'**나만큼** 잘하는 사람 있으면 나오라 그래'에서 만큼은 체언(대명사) '나'와 결합한 조사로 쓰인다. ②'나 지금 **죽을 만큼** 힘들어'에서 만큼은 관형어(죽을)에 기대 쓰인 의존명사이다. ③'돈을 벌 수 있는 **기회이니만큼** 최선을 다해'에서 '**-니만큼**'은 '기회이다'의 어간 '기회이-'에 붙여 쓰인 연결어미이다. '누가 보기에도 **용감하리만큼** 앞장서서 내달렸다'에서 '**-리만큼**'도 연결어미이다.

조사 '만큼'은 '나만큼'처럼, 어미 '-니만큼'과 '-리만큼'은 '기회이니만큼', '용감하리만큼'처럼 붙여 쓰고 의존명사 '만큼'은 '죽을 만큼'처럼 띄어 써야 한다.

'먹어보다'와 '먹어지다'의 띄어쓰기

'**먹어 보다**는 띄어 씀이 원칙이다.' '**먹어지다**는 붙여 써야 한다.'

한글맞춤법에서 '원칙'이라는 단어는 '허용'이라는 의미도 달고 다닌다. '먹어(본동사) 보다(보조동사)'는 띄어 씀이 원칙이나 붙여 씀도 허용한다. 허용을 달리 '예외'라고도 한다. 특히 우리말의 어문규범에는 예외 규정이 수두룩하다.

한 가지 예를 들면 보조동사는 띄어 씀이 원칙이다. 다만 본동사의 어미가 '**-아/어**'이면 붙여 씀이 허용된다. '**먹어보다**'와 '**먹어 보다**' 모두 가능하다는 말이다. 그런데 이런 허용에 다시 또 예외가 따른다. '-아/어' 뒤에 '**-하다**'나 '**-지다**'가 따르면 붙여 써야 한다. 또 '**-어하다**'의 본용언이 동사(구)이면 띄어 쓴다는 슬픈(?) 규칙도 있다.

좀 복잡하지만 띄어쓰기 규칙을 다음과 같이 정리할 수 있다.

-어 보다: 먹어∨보다(○ 원칙), 먹어보다(○ 허용)

-어하다: 예뻐하다(○), 예뻐∨하다(×)

-어지다: 먹어지다(○), 먹어∨지다(×)

-어 하다: 못 잊어 하다(○), 못 잊어하다(×)

'못다 한' 사랑? '못 다한' 사랑?

중국해양대학교에서 한국어를 배우고 있는 중국 학생들에게 한국어의 어떤 부분이 가장 어려운지 물었던 적이 있다. 첫째는 **띄어쓰기** 규칙, 둘째는 **사이시옷** 용법, 셋째는 **존댓말** 활용이라고 답했다. 이 세 가지는 중국 학생들에게만 어려운 부분이 아니다. 어쩌면 한국어를 일상으로 쓰는 한국인에게도 어렵기는 마찬가지일 것이다.

①못다한 사랑 ②못 다한 사랑 ③못다 한 사랑 ④못 다 한 사랑 중 어느 표현이 맞을까? 이유는? 어느 CF에서 들을 수 있는 소리 "난감하네"가 아니길 바란다. 정답은 '③**못다 한** 사랑'이다. 여기서 '못다'는 부사로 뒤따르는 관형어 '한'을 꾸민다. 물론 관형어 '한'은 기본형 '하다'의 어간 '하-'에 전성어미 '-ㄴ'이 결합된 관형사형이다.

이참에 생각나는 '고칠 거리'로 문서에 자주 등장하는 몇몇 난감한 띄어쓰기를 소개하려고 한다. '**그동안, 그중, 그다음, 오래전, 관리하에, 법률상, 제4차**' 같은 표현은 죄다 붙여 써야 하고 '**이 같은**'과 '**너만 한**'은 띄어 써야 한다.

'띄어쓰기'의 함정

우리말 띄어쓰기의 기본 원칙 중 한 가지가 '**조사**와 **어미, 접사**는 붙여 써야 한다'는 것이다. 어떤 것이 조사인지, 어미인지, 접사인지 제대로 안다면 헷갈릴 이유가 없음에도 필자들이 더러 놓치는 경우가 있다. 아래에 예로 든 문장에는 흔히 발견되는 띄어쓰기 오류가 여러 개 포함돼 있다.

'제∨15회 총회까지 역대 회장 모두 게으르기는∨커녕 겪어볼∨수록 부지런할∨뿐더러 정직하기도 했다.'

'제∨15회'의 '**제-**'는 접사이고 '게으르기는∨커녕'의 '**는커녕**'은 조사이며 '볼∨수록'의 '**-ㄹ수록**'과 '부지런할∨뿐더러'의 '**-ㄹ뿐더러**'는 어미이다. 따라서 접사 '제-'와 조사 '(는)커녕', 어미 '-ㄹ수록'과 '-ㄹ뿐더러', 이 네 가지는 모두 붙여 써야 한다. 물론 모르고 놓치는 경우도 있지만 '제'를 관형사로, '커녕'과 '수록', '뿐더러'를 의존명사로 착각하고 무심코 넘어가는 경우가 많을 것이다. 띄어쓰기의 함정이다.

바르게 정리하면 '**제15회** 총회까지 역대 회장 모두 **게으르기는커녕** 겪어 **볼수록 부지런할뿐더러** 정직하기도 했다'가 된다.

까마귀의 효행 '안갚음'

우리나라에서는 **까치**가 길조로 대접받는 대신 **까마귀**는 흉조로 취급받는다. 그러나 까마귀에게 배울 점도 있다. 까마귀가 늙어 먹이활동이 불가능할 때쯤이면 성장한 자식 까마귀가 대신 먹이를 물어와 늙은 어미를 봉양한다고 한다. 이를 '**안갚음**'이라 한다. 반대로 어미 까마귀 쪽에서 보면 '**안받음**'이 된다.

'안갚음'이나 '안받음'은 '**효도**'의 개념으로도 쓰인다. 이 두 단어를 띄어 쓰면 '돈을 안 갚음', '사과 안 받음'처럼 전혀 다른 뜻이 된다. 이처럼 띄어쓰기에 따라 전혀 다른 뜻이 되는 단어가 의외로 많다. 그중에서 10가지만 추려 소개한다.

①**개 잡다**(개를 잡다)/**개잡다**(담배 피우다) ②**귀 빠지다**/**귀빠지다**(태어나다) ③**꽃 피다**/**꽃피다**(한창이다) ④**끝내 주다**(끝내다)/**끝내주다**(굉장하다) ⑤**눈 감다**/**눈감다**(세상을 떠나다) ⑥**다 하다**(끝내다)/**다하다**(끝나다) ⑦**안 갚음**/**안갚음**(효도하다) ⑧**안 받음**/**안받음**(효도받음) ⑨**잘 못하다**(잘 하지 못하다)/**잘못하다**(그릇되다) ⑩**잘 살다**(행복하게 살다)/**잘살다**(부유하다)

'지'와 '만', '간', '데'의 두 얼굴

우리말에서 띄어쓰기가 아무리 복잡하고 까다롭다고 해도 **'지, 만, 간, 데'** 이 4가지 규칙만 알아두면 자신감을 어느 정도는 만회할 수 있다. '지, 만, 간, 데'는 야누스(Janus)이다. 접미사 기능을 하면 앞말에 붙여 쓰고 의존명사 기능을 하면 띄어 쓰는 두 얼굴을 지니고 있다. 두 얼굴 다 알 필요는 없다. 한 가지 얼굴만 알면 된다.

'지'는 '만난 지 얼마 됐지?'처럼 '동안(시간)'의 의미를 띠면 의존명사로 띄어 쓴다.

'만'은 '10년 만에 만난 친구'처럼 '동안'의 의미나 '세 번 만에 합격했다'처럼 '횟수'의 의미를 띠면 의존명사로 띄어 쓰면 된다.

'간'은 '우리는 3년간 함께 지냈다'처럼 '동안'의 의미를 띠면 '지, 만'과 반대로 붙여 쓰는 접미사 기능을 한다.

다시 말해 '동안'을 나타내는 '지'와 '만'은 띄어 쓰고 '간'은 붙여 쓰면 된다.

'데'는 '콩 심은 데(곳에)'나 '여행하는 데(경우에) 필요한 장비'처럼 '곳에, 경우에'로 대체가 가능하면 띄어 쓰면 된다.

'잘/안/못'과 '하다/되다'의 띄어쓰기

'잘/안/못+하다'와 '잘/안/못+되다'의 띄어쓰기만 알아도 띄어쓰기의 절반은 먹고 들어간다. 물론 쉽지는 않다. 애매한 경우가 많기 때문이다. 각각 예문을 들고 간략한 설명을 달아 이해를 돕고자 한다.

[잘/안/못+하다]

① 노래를 **잘한다**. (가수다!) ② 노래를 **잘 한다**. (시도 때도 없이 자주!)

③ 노래를 **안 한다**. (100% 띄어쓰기!) ④ 노래를 **안한다**(×). (0%!)

⑤ 노래를 **못한다**. (아마추어다!) ⑥ 노래를 **못 한다**. (목이 아프다!)

[잘/안/못+되다]

① 부모는 자식 **잘되기를** 바란다. (훌륭하게!) ② 아들 걱정이 **잘된다**. (자주 된다!)

③ 참 **안됐다**. (안쓰럽다!) ④ 그러면 **안 돼**. (금지! 불가능!)

⑤ **못된** 송아지 엉덩이에 뿔난다. (고약하다!) ⑥ 아들은 교사가 **못 됐다**. (되지 못함!)

'재수 없으면' 오래 산다?

'재수 없으면 200세까지 산다?' 그냥 하는 소리가 아니다. 유전자가위(CRISPR)질만 잘하면 인간 편집(Editing Humanity)도 이뤄진단다. 그러면 오래 사는 게 아니라 아예 죽음이란 개념이 사라질 수도 있다는 게 유전학자들의 예측이라 한다. 놀라운 일이 아니라 무서운 일이 가까운 미래에 닥친다는 얘기다.

재수 있으면 오래 산다가 아니라 **재수 없으면** 너무 오래 산다는 말이다. '**재수 있다**'와 '**재수 없다**'는 합성어가 아니라서 띄어 써야 한다. '**값있다**'처럼 '있다'와 결합한 합성어는 10여 개에 불과한 반면에 '**값없다**'처럼 '없다'와 결합된 합성어는 150개가 넘는다.

'**있다**'와 '**없다**'는 상대어 관계이다. 이처럼 상대어 관계인 합성어는 '**값있다↔값없다**', '**관계있다↔관계없다**', '**맛있다↔맛없다**', '**멋있다↔멋없다**', '**빛있다↔빛없다**', '**상관있다↔상관없다**', '**재미있다↔재미없다**'와 같이 일곱 쌍뿐이다. 한편 '체신머리없다'가 아니라 '**채신머리없다**'이며 '인정사정 없다'가 아니라 '**인정사정 없다**'이다.

전(前)과 후(後), '전후', '전전', '후후'

'**전(前)**'은 '과거의 어느 때'를 가리키는 명사이다. '**오래전**', '**기원전**'처럼 굳어져 복합어로 쓰이는 경우가 있긴 하지만 '몇 년 전'처럼 대부분 띄어 써야 한다. '**일전, 월전, 연전, 오전, 이전**' 같은 한자어는 붙여 쓴다. 전(前)의 고유어 '**앞**'은 '**눈앞**', '**앞앞**' 외에는 일상에서 거의 붙여 쓰이지 않는다.

'**전(前)**'의 반의어인 '**후(後)**'는 '뒤나 다음'을 가리키는 명사이다. '**기원후**'처럼 굳어져 복합어로 쓰이는 경우도 있지만 대부분 띄어 써야 한다. 다만 '**사후, 산후, 식후, 우후, 이후, 취후**'처럼 한자어 조합으로 많이 쓰인다. 후(後)의 순우리말 '**뒤**'를 붙여 쓰는 경우는 '**목뒤**' 등 극소수에 그친다.

첩어 **전전(前前)**이 명사로 쓰이면 '아주 오래전'으로, 관형사로 쓰이면 '앞의 앞(장소)' 또는 '전번의 전번'의 의미로 쓰인다. 반면에 **후후(後後)**는 '**후후년(=내후년)**' 외에는 거의 쓰이는 경우가 없다. **전후(前後)**는 '**전후방**', '**전후좌우**' 외에 합성어로 쓰이는 경우는 없다.

'차(次)'와 '호(號)'의 띄어쓰기

두 마리 토끼를 다 잡으려고 하면 두 마리 모두 놓칠 가능성이 크다. 한 마리만 잡자. 두 가지가 애매할 때 두 가지 다 알려고 하면 계속 헷갈린다. 그럴 땐 한 가지만 제대로 알면 해결된다. 띄어쓰기가 그렇다. 헷갈릴 땐 띄어 쓰는 경우든 붙여 쓰는 경우든 한 가지만 알면 된다.

'**차(次)**'와 '**호(號)**'의 띄어쓰기도 마찬가지이다. '차'와 '호'는 붙여 쓰는 접사 기능만 기억하면 된다. 띄어 쓰는 의존명사 기능은 잠시 접어두자. 그래야 덜 헷갈린다.

①'차'가 '인사차', '연구차', '사업차'처럼 목적을 나타내는 접미사로 쓰일 때 ②'호'가 '무궁화호', '메이플라워호', '통일호'처럼 배나 비행기, 기차의 이름을 나타내는 접미사로 쓰일 때 ③'호'나 '차'가 단위를 나타내는 의존명사로 쓰이는 경우 선행하는 수치가 '604호', '제2차'처럼 아라비아숫자일 때만 붙여 쓴다.

그 외 '1년 차', '제삼 차' '3월 호', '신년 호', '육백일 동 오백사 호' 등은 의존명사로 띄어 쓴다.

도심에서 '울어 젖히는' 개구리 떼

서울 도심 아파트에서 살다 보면 자연의 소리를 듣기가 쉽지 않다. 그런데 여름철 우리 아파트에서는 밤마다 개구리 울음소리가 요란하다. 분수대가 설치된 작은 연못에는 어디서 몰려왔는지 수많은 개구리가 모여들어 **울어 젖힌다**. 단잠을 방해한다고 게시판에 글을 올리는 사람도 있지만 우리 부부는 개구리 울음소리를 자장가 삼아 잠들고 개구리 울음소리를 알람 삼아 일어난다.

개구리는 **울어 제끼는** 것도, **울어 제치는** 것도 아니고 **울어 젖히는** 것이다. '제끼다'는 비표준어이다. '제치다'는 '처리하고 앞서다' 또는 '미뤄 두다'라는 의미로 '상대편을 **제치고** 우승을 차지했다', '다른 일은 **제쳐 두고** 급한 일을 처리했다'처럼 쓰인다.

'젖히다'는 '노래를 불러 젖히다', '크게 웃어 젖히다'처럼 **'–어 젖히다'** 구성으로 주로 본동사의 행동을 '막힌 데 없이 해치움'을 표현할 때 보조동사 기능을 한다. 물론 '의자를 젖히다', '옷자락을 젖히다'처럼 본동사 기능도 한다. 한여름에는 개구리 대신 매미가 밤마다 **울어 젖히며** 단잠을 방해하기도 한다.

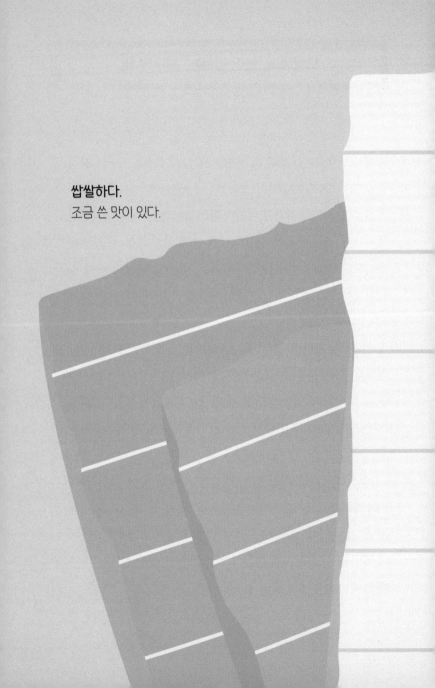

쌉쌀하다.
조금 쓴 맛이 있다.

IV. 쌉쌀한 우리말

맛있는 우리말

'가나까지' 12,779km

한국에서 12,779km 떨어진 아프리카 **가나**는 발에 차일 만큼 노천 황금 원석이 지천에 널려 있었던 나라로 유명하다. 한때 '황금해안(Gold Coast)'으로 불릴 정도였으니 세계열강이 가만두었을 리가 없다. 그럼에도 현대의 가나 국민 중에는 외국인은 모두 부자라는 인식으로 관광객에게 손을 내밀기도 한다는 글을 읽은 적이 있다. 그야말로 아이러니이다.

가나까지 가보지는 못했지만 '**가나까지**'를 띄어쓰기 규칙에 적용해 보면 쓸 만한 자료이다. 글의 결론을 먼저 말하면 본용언의 어미 '-**가**, -**나**, -**까**, -**지**' 다음의 보조용언은 띄어 써야 한다. 붙여 쓸 수 있다는 허용 규칙이 없다. '먹는**가** 보다, 먹**나** 보다, 먹을**까** 보다, 먹으면 좋**지** 싶다'처럼 띄어 써야 한다.

한 가지 덧붙이면 '좋지 싶다'의 '**싶다**'는 보조용언(보조형용사)으로만 쓰이지 절대로 본용언으로는 쓰이지 않는 독특한 단어이다. 또 '싶다'라는 단어는 '많을 듯싶다'나 '아닌 성싶다'처럼 '**듯싶다**'와 '**성싶다**' 외에는 붙여 쓰는 경우가 없다. 이들 외에는 모두 띄어 써야 한다.

부자연스러운 복합조사 '과의, 에의, 에서의'

'KISS 효과'를 명심하면 글쓰기에 도움이 된다는 것은 이미 많이 알려진 사실이다. KISS는 'Keep it simple and short(간결하고 짧게 유지하라)'라는 문장을 줄인 약어이다. 문장을 간결하게 쓴다는 것은 독자가 쉽게 읽을 수 있는 정도, 즉 가독성을 높이는 효과 중 한 가지이다.

글을 간결하게 쓰는 방법은 많이 있지만 '**과/와의, 에의, 에서의**' 같은 격조사가 결합된 복합조사를 덜 쓰는 것도 한 가지 방법일 수 있다. 겹토씨로도 불리는 복합조사를 무조건 쓰면 안 된다고 할 수는 없다. 또 일본어에서 영향을 받은 번역투 표현이라고 단정할 수도 없다. 번역투 표현의 범위와 관련해서는 학자마다 견해 차이가 있기 때문이다.

'한국과 미국, 일본**과의** 삼자회담', '어린이 교육은 미래**에의** 투자', '우주**에서의** 화려한 쇼' 같은 표현에서 나타나는 복합조사는 '한국**과** 미국, 일본**의** 삼자회담', '어린이 교육은 미래**의** 투자', '우주**에서 펼쳐지는** 화려한 쇼'처럼 자연스러운 표현으로 정리할 수 있다.

참 좋구먼그래!

①나보다 작고만 뭐. ②나보다 작구만 뭐. ③나보다 작고면 뭐. ④나보다 작구면 뭐.

이 네 가지 중 바른 표현은 ④번이다. '-고요'가 맞고 '-구요'가 틀린 표현이라는 생각만 하다 보면 정답을 쉽게 놓칠 수 있다. 어미 '**-구먼**'은 '**-군**'의 본말이다.

그렇다면 한 가지만 더 살펴보려고 한다.

①참 좋은 생각이구먼그래. ②참 좋은 생각이구먼∨그래.

어느 문장의 띄어쓰기가 맞을까? 앞서 '-구먼'은 어미라고 했다. '-구먼' 뒤에 붙은 '**그래**'는 품사가 뭘까? 감탄사라면 띄어 써야 하고 조사나 어미라면 당연히 붙여 써야 한다. 여기서 '그래'는 조사이기에 붙여 써야 한다.

좀 더 정확히 말하면 여기서 '그래'는 보조사이다. 조사 중에서도 보조사는 체언이나 부사에 붙기도 하지만 활용 어미에 붙어 특별한 기능을 나타내기도 한다. 보조사 '그래'는 어미 본말 '-구먼'이나 준말 '-군'에만 쓰여 청자에게 문장의 내용을 강조하는 기능을 한다. '요즘 자네 얼굴 참 좋구먼그래.', '그거 참 멋지군그래.'

쪼까 꼬깝쏘!

한국어를 배우는 중국 학생들에게 받은 질문 중 한 가지가 '**할 게**'와 '**할께**' 또는 '**할걸**'과 '**할껄**'의 차이점이 뭐냐는 것이었다. 중국 학생들이 한국 드라마를 자주 보면서 대화 중에 '-껄'이나 '-께'라는 발음이 들리니까 그런 질문으로 한 것이다.

하긴 한국에서도 요즘 '-껄, -께'라고 말하거나 글로 쓰는 사람도 많다. 이는 잘못 쓰이는 표현이다. 우리말에서 종결어미에 된소리가 쓰이는 경우는 4가지뿐이다. 바로 '**-ㄹ까, -ㄹ꼬, -ㄹ깝쇼, -ㄹ쏘냐(쏜가)**'이다. 그런데 요즘 '어찌 할꼬.'나 '그리 할깝쇼?', '그래도 변명할쏜가(쏘냐)?'라는 표현은 사극에서나 들을 수 있을까, 일상에서는 좀처럼 듣기 어렵다. 결국 4가지 중 남는 것은 '-ㄹ까'밖에 없다.

'걸'이나 '게'가 문장 끝 서술어에 쓰이면 종결어미로 봐야 한다. 물론 보조사 '요'를 붙인 '-걸요, -게요'는 높임 표현이다. 그러나 음식 버리는 걸 보고 안타까운 나머지 '아니, 먹을 걸…'이라며 말을 잇지 못한 경우라면 의존명사로 쓰인 것이다.

'미흡하나마'와 '미흡하게나마'의 형태소 분석

"원장님, '미흡하나마' 말고 '미흡하게나마'도 사용이 가능한 표현일까요?"

며칠 전 애제자 한 분이 보낸 질문 메시지이다. '둘 다 사용 가능하지만 형태소로 분석하면 기능이 다르다'는 답변을 보냈다. '미흡하나마'의 '**나마**'는 어미로, '미흡하게나마'의 '**나마**'는 조사로 쓰인 것이라는 설명도 덧붙였다.

어미 '**-나마**'는 어간을 동반하는데 '미흡하-'가 어간이다. 그러나 조사(보조사) '**나마**'는 체언이나 부사, 활용 어미를 동반한다. '미흡하게'의 '-게'가 활용 어미여서 이때 '나마'는 조사로 기능한다. 그런데 이와 비슷한 표현으로 '**으나마**'와 '**이나마**'가 있다. '으나마'는 '늦었**으나마**'처럼 어미로 쓰이는 반면에 '이나마'는 '조금**이나마**'처럼 보조사로 쓰인다.

어미와 조사는 앞말에 붙여 쓴다는 것이 한글맞춤법 규칙이다. 따라서 미흡하**나마**(어미), 미흡하게**나마**(보조사), 그**나마**(보조사), 늦었**으나마**(어미), 조금**이나마**(보조사)처럼 '나마', '으나마', '이나마' 모두 어미 또는 조사로 쓰이기에 붙여 써야 한다.

'대요'와 '데요'의 구분

어느 해 이른 봄날 중국 칭다오에서 한국어를 자기네 말처럼 잘하는 4학년 여대생과 함께 식당으로 향했다. 연일 불어대는 바람에 짜증이 났기에 그 학생에게 투덜댔다. "칭다오에는 바람이 매일 이렇게 부니?" "교수님, 무슨 말씀이세요? 일 년에 딱 두 번만 불어요!" "에이, 무슨⋯." "그런데요, 한 번 불기 시작하면 6개월 동안 **분대요**, 호호." "그런데 너, **대요**와 **데요**를 구분할 수 있니?"

그래서 식당에 앉자마자 '대요'와 '데요'를 구분하는 강의가 이어졌다. '**-대요**'와 '**-데요**'는 주로 구어체에서 쓰이는 종결어미로 '**-대요**'는 남이 말한 내용을 간접적으로 전달할 때 쓰이며 '**-다고 해요**'의 의미이다. 그와 달리 '**-데요**'는 '**-어요**'에 자신이 직접 경험한 사실을 더해 쓰인다.

'한 번 불기 시작하면 6개월 동안 바람이 **분대요**'는 화자가 누구에게 듣거나 어디에서 읽은 지식을 청자에게 전달하는 문장이고 '그는 나를 보자마자 눈물을 글썽**이데요**'는 화자가 직접 보거나 경험한 내용을 청자에게 전달하는 문장이다.

연결어미 '더라면'과 '더니'

2001년 9월 11일 3,000명 가까이 사망자를 낸 미국의 9.11 테러는 전 세계인이 기억하는 사건이다. 희생자보다 훨씬 더 많은 희생자 유족이나 살아남은 동료가 겪었던 심리적 고통을 '이프 온리 신드롬(If only syndrome)'으로 불렀다. "그때 사랑한다는 말만 해 주었**더라면**…", "조금만 늦게 출발했**더라면**…" 하며 눈물을 삼켰다고 한다.

과거의 사실을 실제와 다르게 가정해 보는 뜻을 나타내는 연결어미 **'-더라면'**은 주로 되돌릴 수 없는 지난 일을 후회할 때 쓰이지만 또 다른 연결어미 **'-더니'**는 과거에 일어난 사태나 행동에 이어 일어난 상황을 연결하는 기능을 한다.

그런데 '-더라면' 뒤에는 일어나지 않은 일이 연결되지만 '-더니' 뒤에는 일어난 일이 연결된다. 먼 후일 지나온 삶을 돌이키며 '-더라면'이라고 할 것인가, '-더니'라고 할 것인가? '-더라면'보다는 좋은 일이 연결된 '-더니'를 강하게 추천한다. '부지런하게 살았더니 재물도 건강도 얻게 됐다'는 표현이 독자의 것이 되길 기원한다.

준말 '돼요'와 '봬요', '쐐요'

전화나 말로 소통할 때는 발음을 구분하기가 애매할 때가 있다. 그중 한 가지가 '되'와 '돼'이다. 그래서 필자가 일했던 언론사에선 '도이 되'와 '돼지 돼'로 통용됐다. '되어'의 준말이 '돼'라는 건 누구나 아는 기본이다. 헷갈릴 때는 '되'나 '돼' 자리에 '하'나 '해'를 대신 넣는 방법으로 구별하면 된다. 가령 '되죠'는 '하죠'로, '돼요'는 '해요'로, '안 돼'는 '안 해'로, '돼서는'은 '해서는'으로 연결해 이해하면 된다는 말이다.

'뵈다'도 같은 원리로 표현된다. '내일 봬요'는 '내일 해요'와 비교하면 된다. 이때 '뵈다'는 '보이다'의 준말이 아니고 '보다'의 높임말이다. '보다'의 준말로 쓰이는 경우는 '이제 잘 뵈죠(보이죠)?'와 '네, 이제 잘 봬요(보여요)' 같은 경우이다.

'쐬다'와 '괴다', '죄다'도 마찬가지이다. '우리 바람 좀 쐬죠?'와 '네, 바람 좀 쐐요'로, '받침대를 좀 괴죠?'와 '받침대를 괘요'로, '나사 좀 죄죠?'와 '나사 좀 좨요'로 표현된다.

원숭이 엉덩이는 '빨개'?

'원숭이 엉덩이는 빨개, 빨간 건 사과…'

구구단을 외우는 멜로디와 비슷한 이 노래가 중국에서 사용했던 한국어 교재에 실려 있었다. 수업 중 중국 학생들에게 두 가지 질문을 받았다. 정말 원숭이 엉덩이가 빨가냐는 것과 **'빨개'** 와 **'빨게'** 의 뜻이 다르냐는 질문이었다. 빨간지 아닌지는 동물원에 가서 직접 확인해 보라고 했고 '빨개'는 모음조화 현상 설명으로 답을 대신했다.

우리말에서 모음이 만나면 조화를 이루고 자음이 만나면 변화가 일어난다. 이들이 모음조화와 자음동화 현상이다. 모음조화는 모음이 만날 때 양성모음은 양성모음끼리, 음성모음은 음성모음끼리 어울리는 현상이고 자음동화는 앞말 끝 자음이 다른 자음을 만나면 바뀌는 현상이다.

앞말 끝음절 모음이 양성모음, 즉 'ㅏ'나 'ㅗ'이면 양성모음과 조화를 이루고 그 외 모음은 음성모음과 조화를 이룬다. 그래서 **'빼앗다'** 는 **'빼앗+아'** 로 조화를 이루지만 '빼앗다'의 준말 **'뺏다'** 는 **'뺏+어'** 로 조화를 이룬다. 하지만 '깡충깡충'처럼 모음조화 이탈 현상을 보이는 표준어도 있다.

'뿐', '만큼', '대로'의 이중성

"교수님, 점심식사 하셨어요?"라고 인사하는 중국 학생에게 "워츨러이거런(我吃了一个人)!"이라고 호기롭게 답하는 바람에 중국 학생들에게 엄청난 즐거움을 안겨준 적이 있다. 중국어는 어순에 따라 문장성분이 결정되는 고립어에 해당한다. 부사어를 동사 뒤로 보내면 목적어가 되기도 한다. 그래서 '나 혼자 먹었어(我一个人吃了)'가 아니라 '나 한 사람을 먹었어(我吃了一个人)'라는 엉뚱한 대답이 된 것이다.

우리말에서는 위치가 아니라 선행어의 성분에 따라 품사가 결정되는 단어가 몇몇 있다. 예를 들면 '**뿐**'과 '**만큼**', '**대로**'이다. 이들 세 단어는 경우에 따라 조사로 쓰이기도 하고 의존명사로 쓰이기도 한다. 문제는 품사가 달라지면서 띄어쓰기도 달라진다는 데 있다.

'오직 **아빠뿐**, 더도 말고 **엄마만큼**, 언니는 **언니대로**'처럼 체언에 붙은 '뿐, 만큼, 대로'는 조사로서 앞말에 붙여 써야 한다. 그러나 '**고마울 뿐**, 눈물 날 **만큼**, **시키는 대로**'처럼 관형어에 뒤서는 '뿐, 만큼, 대로'는 의존명사로서 당연히 띄어 써야 한다.

알 '듯' 모를 '듯'

'보일 듯이 보일 듯이 보이지 않는~.'

동요 '따오기'의 첫 소절에 나오는 '**듯이**'는 준말인 '**듯**'으로 널리 쓰인다. 이 '듯'은 어미로도 쓰이고 의존명사로도 쓰이기에 띄어쓰기가 만만찮은 형태소이다. 어간에 따라 쓸 때는 어미로 붙여 써야 하고 관형어에 따라 쓸 때는 의존명사로 띄어 써야 하기 때문이다.

'밥 **먹듯**'의 '–듯'은 '먹다'의 어간 '먹–'과 결합된 어미여서 붙여 써야 한다. 마찬가지로 '물 **마시듯**, **잠자듯**, 강 건너 불 **보듯**'의 듯은 어간 '마시–, 잠자–, 보–'와 결합된 어미이므로 모두 붙여 써야 한다. 이 경우의 '–듯'은 앞뒤 절이 유사하다는 의미를 나타내는 연결어미이다.

이와 달리 '밥 **먹는 듯**'의 '듯'은 관형어 '먹는'과 결합된 의존명사여서 띄어 써야 한다. 마찬가지로 '물 **마시는 듯**, **잠자는 듯**, 강 건너 불 **보는 듯**'의 '듯'은 관형어 '마시는, 잠자는, 보는'과 결합된 의존명사이므로 모두 띄어 써야 한다. 이 경우의 듯은 유사함이나 추측의 의미를 나타내는 의존명사이다.

'나에게', '나한테', '나더러', '나보고' 얘기해!

사람이 개에게 물리면 '**사고**'이고 개가 사람에게 물리면 '**사건**'이라며 사고와 사건의 개념을 구분한다는 얘기가 있다. 이 문장에서 '**에게**'는 부사격 조사에 해당한다. 이 '에게'와 같은 뜻으로 쓰이는 조사가 의외로 많다.

'나만의 비밀을 **친구에게** 말했다'라는 문장에서 '친구**에게**' 대신에 '네게', '회사에', '선생님께', '엄마한테', '동생더러', '형보고'로 바꾸면 '**게, 에, 께, 한테, 더러, 보고**'도 '에게'와 같은 뜻으로 쓸 수 있다. '**게**'는 '내, 네, 제'에 쓰이고 '**에**'는 무정명사에, '**께**'는 '에게'의 높임말로 쓰인다. 그리고 '**한테, 더러, 보고**'는 주로 구어체에서 쓰인다. 일부 지방에서 방언으로 '내**있고**'나 '내**댔고**'처럼 '있고, 댔고'가 쓰이기는 하나 표준어는 아니다.

또한 '**에게서**'는 행동의 출발점이나 대상을 나타내는 사람이나 동물에게 쓰인다. 대상이 사람이나 동물이라면 같은 의미의 '**(으)로부터**'보다는 '**에게서**'가 더 어울리는 표현이다. '에게서'의 반대말은 '**에게로**'이다.

헷갈리는 '은/는'과 '이/가'

"점심 같이 할까?"라고 물으면 "제가 점심을 먹었어요." 같은 대답은 한국어를 처음 배우는 사람에게 쉽게 들을 수 있는 문장이다. 한국어를 쓰는 한국 사람은 굳이 규칙을 배우지 않아도 다 안다. '제가'라는 주어 표현이 어색하다는 것을….

우리말의 주격조사는 '은/는, 이/가'라고 알고 있는 사람이 많다. 그러나 '**이/가**'는 주격조사이지만 '**은/는**'은 주격조사가 아니라 보조사이다. 주어에 '이/가'를 쓰지 않고 '은/는'을 쓰는 이유가 의외로 간단하다. '은/는'은 '정보'를 하나 이상 품고 대조, 강조, 비교의 뜻을 더한다. '저는 점심을 먹었어요'라는 문장에는 '선생님께서는 점심을 드셨지만'이라는 정보를 동반한다.

주격조사는 '이/가'뿐만 아니라 '선생님**께서**', '기업**에서**', '누구라서'의 '**께서, 에서, (이)라서**'도 주격조사에 해당한다. '께서'는 높임의 상대와, '에서'는 사람이나 동물 외의 대상인 무정명사와 어울려 쓴다. '(이)라서'는 예스러운 표현이다. "뉘**라서** 능히 문법을 다 알까"처럼 쓰인다.

겨우 '10년밖에', 무려 '10년이나'

아일랜드의 문필가 조지 버나드 쇼가 어느 날 위스키가 반쯤 들어 있는 술병을 들고 강의실에 들어섰다. "우리 같이 마실까?"라고 운을 뗐다. 한 학생이 "애걔, **반병밖에** 없잖아."라면서 투덜대자 다른 학생이 "아직 **반병이나** 남았는걸."이라고 응수했다. '반병밖에'는 부정적인 반응으로, '반병이나'는 긍정적인 반응으로 판단하는 것이다.

이 두 가지 반응을 구별하는 역할은 조사 '**밖에**'와 '**이나**'가 한다. 그렇다고 '밖에'는 반드시 부정적, '이나'는 반드시 긍정적이라고 못 박을 수는 없다. 예를 들어 집값이 20% 올랐다고 치자. "무려 **20%나** 올랐다."라며 걱정하는 사람도 있고 반기는 사람도 있다. 반대로 "겨우 **20%밖에** 안 올랐다."라며 실망하는 사람도 있고 만족하는 사람도 있다.

어차피 누구에게나 유한한 인생인데, 살아갈 날이 '겨우 **10년밖에** 남지 않았다'보다 '무려 **10년이나** 남았다'로, '밖에'보다는 '이나'의 넉넉한 삶이 희망과 기대로 살아가는 행복한 삶이 아닐까 싶다.

유일하게 활용되는 조사 '이다'

우리말에서 7가지 격조사 중에서 유일하게 활용되는 조사가 서술격조사 **'이다'**이다. '이다'에서 '이-'는 어간으로, '-다'는 어미로 기능하는 것이다. '이다'는 **'사람이다'**처럼 주로 체언과 결합하지만 **'제법이다'**처럼 부사나 '3시 **넘어서이다'**처럼 연결어미와 결합해 앞말을 서술어로 만들기도 한다. 어문규정에 따라 서술격조사 '이다'의 쓰임을 살펴본다.

① '이다'는 모음 뒤에서는 '다'로 줄여 쓸 수 있다.

　그 과일은 **사과이다.**(○) → 그 과일은 **사과다.**(○)

② 명사형과 결합할 때는 '다'로 줄여 쓸 수 없다.

　손주 **보기이다.**(○) → 손주 **보기다.**(×)

③ 연결어미 '-어서'와 결합할 때는 '다'로 줄여 쓸 수 없다.

　화가 너무 **나서이다.**(○) → 화가 너무 **나서다.**(×)

④ '이다'의 '-다' 자리가 '-에요'로 쓰일 때는 가려 써야 한다.

　영희예요[←영희-이다].(○),　영숙이**예요**[영숙이-이다].(○),

　아니**에요**[아니-다].(○)

　→ 영희에요(×), 영숙이에요(×), 아니예요(×)

서술어 '아니오', 감탄사 '아니요'

학교문법에서는 서술어에 쓰이는 '**이다**'는 조사 중 유일하게 활용한다는 특징이 있다고 했다. 특히 '이다'가 어미 '**-어요**'나 '**-에요**'로 활용될 때 많이들 헷갈린다. 앞말에 받침이 있으면 '**-이에요**'로, 받침이 없으면 '**-예요**'로 쓰이게 된다. 따라서 '거에요'가 아니라 '**거예요**'가 되고 '뭐에요'가 아니라 '**뭐예요**'가 된다.

문제는 '**아니다**'의 '**아니-**'도 받침이 없다 해서 '**아니예요**'로 잘못 쓴다는 데 있다. 이는 서술격조사 '이다'가 쓰인 경우가 아니다. 기본형은 형용사 '아니다'이다. 조사가 아니라 용언이 활용된 경우로 어간 '아니-'에 어미 '-에요'가 결합되어 '**아니에요**'가 된다. 물론 이를 줄여 '**아녜요**'로 쓸 수도 있다.

한 가지 덧붙이면 대답 말인 감탄사 '**예**'의 상대어는 '아니오'가 아니라 '**아니요**'이다. '**아니오**'는 '나는 어린아이가 아니오'와 같이 서술어로만 쓰인다. "이 동네 사시오?" "**아니요**, 나는 이 동네 사람이 **아니오**." 교열사의 눈에 자주 발견되는 오류이다.

셋방 '있음'? 셋방 '있슴'?

몇 년 전 강의가 약속돼 있어 동료 직원과 함께 지방으로 갔다. 점심때가 되어 식당으로 가는 길에 어느 집 대문 기둥에 반은 떨어져 펄럭이는 작은 쪽지에 눈길이 갔다. 거기에는 세로쓰기로 '**셋방 있슴**'으로 적혀 있었다. 동행한 직원이 물으면서 대화가 이어졌다. "원장님, 틀렸지요?" "그러네. 왜 틀렸을까?" "원장님, 얼른 식당으로 가시죠."

교열 작업에서 틀린 부분을 발견하는 것을 '교열 진단'이라고 한다. 교열 일을 오래 하다 보면 오류를 찾아내려고 애쓰지 않아도 오류가 스스로 자수(?)하는 듯한 경험을 하게 된다. 진단과 함께 순간적으로 왜 틀렸는지 명확하게 설명할 수 있는 무기를 습관적으로 장착해야 한다.

'**있습니다**'의 명사형은 '**있슴**'이 아니고 '**있음**'인 것은 명사형을 만드는 전성어미 '**-슴**'은 비표준어이고 '**-음**'이 표준어이기 때문이다. 이와 비슷한 사례로 '**먹을래야** 먹을 수'가 아니라 '**먹으려야** 먹을 수'라는 표현이어야 하는 것도 '**-ㄹ래야**'는 비표준어이고 '**-려야**'가 표준어이기 때문이다.

간접인용 '하라'와 직접인용 '해라'

다음 네 가지 표현 중에서 바른 표현을 찾아보고 표현의 차이점을 알아보는 것은 꽤 흥미로울 듯하다.

①하라 마라. ②하라 말라. ③해라 마라. ④해라 말라.

이들 표현을 제대로 이해하려면 우리말의 다섯 가지 절(節) 가운데 '**인용절**'을 이해해야 가능하다. 인용절은 직접인용절과 간접인용절로 구분된다.

두 인용절의 차이가 몇 가지 있지만 종결어미로 구분되기도 한다. [아버지께서 "공부 좀 **해라**."라고 하셨다]는 직접인용절이고 [아버지께서 공부 좀 **하라**고 하셨다]는 간접인용절이다. 또 [할머니께서 "늦잠 자지 **마라**."라고 하셨다]는 직접인용절이고 [할머니께서 늦잠 자지 **말라**고 하셨다]는 간접인용절이다.

그러면 앞에서 제시한 네 문장은 쉽게 이해될 것이다. ②'하라 말라'와 ③'해라 마라'가 바른 표현인데 ②는 간접인용절에서, ③은 직접인용절에서 쓰이는 표현이다. 두 가지를 비교해서 예를 들어보면 먹으라(간접)와 먹어라(직접), 만들라(간접)와 만들어라(직접), 살라(간접)와 살아라(직접) 등이다.

'하래야' 하고, '하려야' 할 수 없고

우리말은 어미 놀음이라는 말이 나올 정도로 어미 활용은 그야말로 다양하고 복잡하게 이뤄진다. 어미를 크게 어말어미와 선어말어미로 구분하고 어말어미는 또 연결어미와 종결어미, 전성어미로 구분한다. 그중에서 연결어미가 가장 복잡하고 다양한 편이다.

여기서는 동사 '**하다**'의 어간 '**하-**'에 연결어미 '**-려야**'와 '**-래야**'가 붙어 활용되는 경우를 살펴보고자 한다. '-려야'와 '-래야'는 쓰임이 분명히 다르다. '의도나 욕망'을 나타낼 때는 '**-려야(←라고 하여야)**'가 쓰이고 '지시나 권유'를 나타낼 때는 '**-래야(←라고 해야)**'를 써야 한다. 이 두 가지 경우를 모두 포함한 문장이 이를 구분하는 데 도움이 될 것이다.

'**하래야** 하는 사람 중에는 **하려야** 할 수 없는 사람이 많다.'

그런데 '-려야 -ㄹ 수 없다' 같은 구문에서 느닷없이 **리을(ㄹ)**이 추가되는 경우를 가끔 볼 수 있다. '할래야 할 수 없다'나 '할려야 할 수 없다' 모두 틀린 표현이다. '하려야 할 수 없다'가 바른 표현이다.

헉! 이게 모두 '조사'?

'ㄴ, ㄴ커녕, ㄹ, ㄹ랑, 곧, 그래, 그려, 깨나, 새로에, 서껀, 손….'
이들이 모두 조사라면 믿을 사람이 얼마나 될까? 평소에 자주
쓰는 말이든 아니든, 생소한 조사를 표현 예시와 함께 살펴본다.

① ㄴ: '산엔 구름이 바다엔 안개.'(구어)
② ㄴ커녕: '먹긴커녕.' ('커녕, 은커녕, 는커녕'도 조사)
③ ㄹ: '쓰레길 어디다 버려?'(구어)
④ ㄹ랑: '그런 애길랑 말아.' ('일랑, 을랑'도 조사)
⑤ 곧: '그대곧 아니면.' (강조)
⑥ 그래: '아주 좋군그래.' (강조)
⑦ 그려: '함께 가세그려.' (강조)
⑧ 깨나: '힘깨나 쓰는구나!' (어느 정도 이상)
⑨ 새로에: '수익은새로에 고생만 했지.' (=커녕)
⑩ 서껀: '사랑서껀의 미움도 섞인 감정.' (-와/과 함께)
⑪ 손: '그렇다손 치더라도.' (양보)

그 외 '꽃이 피는군요'의 '요', '꿈엔들'의 'ㄴ들', '사실인즉'의
'ㄴ즉', '노래면 노래'의 '면', '나더러 천재래요'의 '더러'도 조사
에 해당한다.

동사의 절친 '니은(ㄴ)'

"사전을 찾아보니 '-니라'와 '-느니라'가 뜻은 거의 비슷한데 차이가 있는지요?" 휴대전화 문자메시지로 받은 질문이다. 둘 다 예스럽게 쓰이는 종결어미이다. 이 '-느'의 니은(ㄴ)은 형용사와 친하지 않다. 동사 '하다'는 '하시느니라'로 활용이 가능하지만 형용사 '선하다'는 '선하시느니라'로 활용할 수 없다.

동사와 형용사를 구별하는 쉬운 방법이 어간에 '-는구나'를 붙여 자연스러우면 동사, 어색하면 형용사로 판단하는 것이다. '먹는구나'는 자연스럽지만 '예쁘는구나'는 어색하다. '먹다'는 동사이고 '예쁘다'는 형용사이기 때문이다. 역시 형용사는 니은 (ㄴ)과 친하지 않다.

그런데 몇 년 전 국립국어원에서 형용사로 분류됐던 **잘생기 다, 잘나다** 등 몇몇 단어를 동사로 신분을 바꾸면서 이 규칙이 틀어졌다. '잘생기는구나, 잘나는구나'처럼 자연스럽지 않다. '잘 생겼구나, 잘났구나'로 활용해야 자연스럽다. 과거형이 '현재의 상태'라는 부분이 이들 단어가 동사로 변신한 근거이기도 하다.

맛있는 우리말

칼칼하다.
맵거나 텁텁하거나 해서 목을 자극하는 맛이 조금 있다.
목이 말라서 물이나 술 따위를 마시고 싶은 느낌이 있다.
목소리가 조금 쉰 듯하고 거친 느낌이 있다.

Ⅴ. 칼칼한 우리말

맛 있 는

우 리 말

'have, get, take'는 모두 '가지다'?

어느 날 가족과 함께 들른 볼링장에서 만난 외국인 목사님이 아내에게 "남편을 우리 교회에 **갖다 줘서** 감사합니다."라고 했다. 그는 한국에서 30년 가까이 살았기에 유창한 한국어를 구사하는 분이었음에도 그렇게 표현했다.

번역 문서를 교열하다 보면 영어 동사 'have'나 'get', 'take'를 **'가지다'**로 옮긴 경우를 많이 본다. 그래서 '가지다'를 번역투 표현으로 보는 이가 많다. '소유'의 의미를 담지 않은 표현을 '가지다'로 쓰면 어색한 경우가 있기에 그렇다. '푸른색을 가지다'든지 '전시회를 가지다', '온화한 성품을 가지다' 같은 표현은 아무리 봐도 어색하다. '가지다'를 **'띠다, 열다, 지니다'**로 대체하면 덜 어색하지 않을까.

특히 '장애를 가진 분'이란 표현은 어색하다 못해 눈에 거슬리기까지 한다. '장애가 있는 분'이 적절한 표현이 아닐까 싶다. 언제부터인가 표준국어대사전 표제어 '가지다'에 '모임을 치르다'와 '관계를 맺다'도 뜻풀이로 더했으니 이 글 또한 어느 정도 넋두리에 지나지 않을 수 있다.

피해야 하는 표현 '누구에게 공유하다'

SNS가 일상의 소통도구가 되면서 유행한 단어 중 하나가 '**공유(共有)**'일 것이다. 공유는 한 가지를 두 사람 이상이 소유하는 것을 가리키는 명사이다. 명사 단독으로 쓰이기도 하고 '**공유하다**'처럼 접사와 결합해 타동사로 쓰이기도 한다.

'공유하다'는 목적어뿐만 아니라 필수부사어를 동반하는 타동사이다. 문장 구성의 필수 성분인 주어와 서술어, 목적어, 보어 등 4개 주성분과 달리 '문장 구성에서 꼭 있어야 하는 부사어'를 필수부사어라고 한다. 예를 들면 '나는 아버지와 닮았다'에서 동사 '닮다'를 꾸미는 '아버지와'가 필수부사어이다.

'공유하다' 역시 '-와(과) -을(를) 공유하다' 형식의 구문으로 실현된다. 따라서 '-에게(에) -을 공유하다' 형식으로는 쓰일 수 없다. 따라서 '이 파일을 사업 **담당자에게** 공유하십시오' 같은 문장은 비문이다. '이 파일을 사업 **담당자와** 공유하십시오'라고 해야 바른 문장이 된다. 또 '그 파일을 우리와 **함께 공유해** 주십시오'처럼 '함께'를 같이 쓰면 겹말이 되므로 피해야 한다.

굳이 여성이라고 밝히는 대명사 '그녀'

문인들이나 국어학자 사이에서 의견이 분분한 지칭(가리키는 말)으로 '**그녀**'가 있다. 워낙 이견이 많아 개인적인 견해를 밝히기가 쉽지 않다. 그래도 교열 일을 하는 필자는 글에서 '그녀'가 대명사 자격으로 많이 쓰이면 '대체' 절차를 거친다.

김동인이 처음 사용했다는 '그녀'라는 표현을 염상섭은 일본어 '가노조(かのじょ, 彼女)'의 한자 발음대로 '피녀'라고 썼다고 한다. '그녀'라는 표현을 기피하는 것도 이 경우를 염두에 둔 것으로 보인다. 남녀 공통으로 쓰이는 '**그**'는 '**그분**'이라는 존칭이 가능하나 '그녀'는 '그녀분'으로 쓰이지도 않고 굳이 쓴다 해도 얼마나 어색한가.

자기 어머니를 '그녀'로 지칭할 수 없듯이 업적이 탁월해 사람들이 웬만큼 잘 아는 여성이라면 '그녀'로 지칭하지 않는 것이 옳다. 모든 사람에게는 이름이 있다. 이름과 함께 직위를 사용하거나, 직위가 없다면 '여사'나 '선생'이라는 지칭을 사용하면 될 것이다. 아니면 그냥 '그분'이라 써도 문제 될 일은 없다. 타계하신 분이라면 차라리 '이름'을 노출하는 것이 훨씬 좋은 방법일 수도 있다.

표준어 '너덧, 네댓', 비표준어 '너댓'

어렸을 때 우리 어머니는 정확히 '몇 개' 가져오라고 하신 적이 없다. 두세 개, 서너 개, 너덧 개, 대엿 개와 같이 어림수로 요구하셨다. "엄마, 정확하게 몇 개 가져 와?" 하며 짜증 섞인 반문을 했던 일이 기억난다.

1~2를 나타내는 수관형사는 '**한두**', 2~3은 '**두세**', 3~4는 '**서너**', 4~5는 '**너덧**' 또는 '**네댓**', 5~6은 '**대여섯**' 또는 '**대엿**', 6~7은 '**예닐곱**', 7~8은 '**일고여덟**' 또는 '**일여덟**', 8~9는 '**여덟아홉**' 또는 '**엳아홉**'이다. 그런데 9~10에 해당하는 수관형사는 쓰이지 않는다. 10이 조금 넘는 수는 '**여남은**' 또는 '**여남**'이다.

여기서 너덧, 네댓은 표준어지만 너댓은 비표준어다. 이와 비슷한 경우의 어휘가 떠올라 이어 적는다. '덩굴, 넝쿨'은 표준어지만 '덩쿨'은 비표준어다. '갯벌, 개펄'은 표준어지만 '갯펄'은 비표준어다. '무릎, 무르팍'은 표준어지만 '무릎팍'은 비표준어다. 정리하면 **너댓, 덩쿨, 갯펄, 무릎팍**은 모두 비표준어다.

이중피동형 '놓여지다'

　'염소 한 마리가 산꼭대기에서 한가로이 풀을 뜯고 있었다. 염소가 고개를 드는 순간 그만 뿔이 전깃줄에 걸려 케이블카처럼 미끄러져 내려가다 중간에 매달려 있었다. 한 남성이 산비탈에 **놓여진** 사다리를 타고 올라가 염소 뒷다리에 줄을 묶고 꼭대기로 끌어올려 염소를 구했다.' 유튜브에서 먼 나라의 이야기를 영상으로 올리며 설명하는 글에서 오류가 눈에 띄었다.

　'**놓여지다**'는 피동형이 겹친 표현으로 이중피동 또는 겹피동으로 부르는 구조이다. 우리말에서는 3가지 방법으로 피동형을 만든다. 접미사 '**-이, -히, -리, -기**'와 '**-되다**', 보조용언 '**-어지다**'를 붙이는 것이다. 그런데 이들 요소 중 두 가지 이상이 사용되면 이중피동형으로 간주하게 된다.

　'놓여지다'는 '놓+이(접사)+어지다(보조용언)' 구조로 두 가지 요소가 결합된 이중피동형 표현이다. '놓다'의 피동형은 '놓이다'이다. 또 '사용하다'를 '사용되다'로 하지 않고 '사용되어지다'로 쓰게 되면 역시 이중피동형에 해당한다.

원인으로 '말미암아', 이유로 '인해'

　자녀 주변에서 사사건건 참여하는 엄마에게는 헬리콥터맘(helicopter mom)이란 별칭이 붙는다. 긍정적이든 부정적이든 엄마의 영향을 크게 받은 헬리콥터맘의 자녀가 자라면 '엄마의 무엇'을 원인이나 이유로 등장시키는 경우가 많을 것이다.

　엄마의 훈계로 **말미암아**, 엄마의 관심 **까닭에**, 엄마의 간섭 **때문에**, 엄마의 도움 **덕분에**, 엄마의 잔소리 **탓에**, 엄마의 제안으로 **인하여**, 엄마의 지시에 **따라**….

　필자의 손을 거쳐 간 수많은 글에서 원인이나 이유를 제시하는 부사적 표현에서 나타나는 공통된 특징 두 가지는 '말미암아'라는 표현은 찾아보기 어렵다는 점과 '인하여(인해)'가 대세로 자리를 잡아가고 있다는 점이다. 무엇보다 번역체 표현으로 간주되는 '인하여(인해)'가 널리 쓰인다는 점은 바람직하지 않다.
　'나는 엄마의 도움**으로 인해** 성공했다'를 '나는 엄마의 도움 **덕분에** 성공했다'로, '엄마의 도움**으로 인한** 성공' 같은 관형적 표현도 '엄마의 도움**으로 이룬** 성공'으로 표현하면 더 바람직하고 자연스럽지 않을까.

'안성맞춤'은 안성에서 '맞춤'

2년 전쯤에 '워드퍼즐'이라는 앱을 받으면서 단어게임을 접했다. 힌트도 없이 노출된 음절 한두 개만으로 단어를 유추해 퍼즐을 완성하는 쾌감에 푹 빠지게 됐다. 단어를 **알아맞히며** 가로세로 퍼즐을 **맞추다** 보니 어느새 2,000레벨을 넘어 3,000레벨로 향할 수 있었다. 어쩌다 생소한 단어가 나오면 단어장으로 모아 익히는 재미 또한 쏠쏠하다.

'**맞다**'는 '틀림이 없다, 어울리다, 적당하다' 등의 의미를 지닌 동사다. '맞다'의 사동사는 '**맞히다**'로 목적어를 동반하는 사동형 문장을 이루는 역할을 한다. '알아맞히다'이지 '알아맞추다'가 아니다. '**맞추다**'는 '대다, 붙이다, 비교하다, 바르게 하다' 등의 의미를 지닌 동사다. 학생들이 시험을 치를 때 답을 알아맞히고 시험이 끝나면 자신의 답안지를 정답지와 맞춰 본다.

'**마추다**'는 '**맞추다**'의 비표준어이다. 그와 함께 명사형 '**마춤**'도 '**맞춤**'의 비표준어이다. 그래서 '**안성마춤**'이 아니라 '**안성맞춤**'인 것이다. 다시 말해 **알아맞추다, 마추다, 마춤**은 모두 비표준어이다.

'부모'를 높여 이르는 말

한국어를 배우는 중국 대학생들이 한국어에서 띄어쓰기와 사이시옷 다음으로 어렵다고 토로했던 부분이 높임 표현이다. 한국인도 당연히 어려워하는 부분이다. 요즘에는 거의 사용하지 않지만 최소한 알아두면 좋을 만한 '부모를 높여 이르는 말'을 살펴보고자 한다.

가친(家親)은 자기 아버지를, **춘부장(春府丈)**은 남의 아버지를 높여 이르는 말이다.

선친(先親)은 돌아가신 자기 아버지를, **선대인(先大人)**은 돌아가신 남의 아버지를 높여 이르는 말이다.

자친(慈親)은 자기 어머니를, **자당(慈堂)**은 남의 어머니를 높여 이르는 말이다.

선자(先慈)는 돌아가신 자기 어머니를, **선대부인(先大夫人)**은 돌아가신 남의 어머니를 높여 이르는 말이다.

돌아가신 남의 아버지를 '선친'이라고 한다든지 돌아가신 남의 어머니를 '선자'라고 부르는 것처럼 자기 아버지와 남의 아버지, 자기 어머니와 남의 어머니의 높임말을 서로 바꿔 칭하는 것은 결례에 해당한다.

돌아가신 '내 아버지'는 '선친'

사람뿐만 아니라 사물에도 이름이 있다. 이름은 두 가지로 분류된다. '가리키는 이름(지칭)'과 '부르는 이름(호칭)'이 있다. 지칭과 호칭이 같은 경우도 있고 다른 경우도 있다. **부친(父親)**이 지칭이라면 **아버지**는 호칭이다. 그러나 **엄마**나 **아빠**는 지칭이기도 하고 호칭이기도 하다.

자기를 낳아주신 부친을 아버지라고 부른다. 자기 아버지를 **아버님**이라고 존칭으로 부르는 경우는 생전에 '아버님 전 상서'처럼 편지를 쓸 때나 돌아가셨을 때이다. 그 외 아버님이라고 부르는 경우는 시아버지나 장인 또는 친구의 아버지를 부를 때이다.

남에게 돌아가신 자기 아버지를 아버님 외에 **선친(先親)**이라고 부르기도 한다. '오늘 선친의 기일이라서 일찍 들어가야 합니다'처럼 쓰인다. 그런데 '자네 선친은 돌아가신 지 얼마나 됐지?'처럼 남의 아버지를 선친으로 호칭하는 것은 결례에 해당한다. '자네 부친은…' 또는 '자네 아버님은…'이라고 해야 맞는 표현이다.

라면은 '불음', 얼굴은 '부음'

필자가 군인이었던 시절 라면의 1인 1식 정량은 2개였다. 처음에는 찐 라면 2개를 식판에 담고 수프를 부어 주더니 얼마 안 가 큰 솥으로 끓여내기 시작했다. 칼국수 가락만큼 **불은** 라면은 식판에 아무리 가득 담아도 1개 분량도 채 되지 않았다. 부대 내 누군가는 절반 이상 남기는 꼼수(?)를 쓴 것이다.

'**붇다**'는 부피가 커지거나 분량이 늘어난다는 의미의 동사이고 '**붓다**'는 부풀어 오른다는 의미의 동사이다. '붇다'와 '붓다'는 둘 다 모음어미와 만나면 불규칙으로 활용되는 용언이다. '붇다'는 받침 디귿이 리을로 변해 '불어서'로, '붓다'는 받침 시옷이 탈락하며 '부어서'로 활용된다.

따라서 '라면 불는다'라는 말은 잘못된 표현이다. '라면이 붇는다'라고 써야 한다. 자음어미 '-는다' 앞에서는 규칙적으로 활용되기 때문이다. '**붓기**가 가라앉았다' 같은 표현도 잘못이다. 붓다의 어간 '붓-'에 자음어미 '-기'를 결합한 것으로 착각해 '붓기'로 잘못 쓰는 경우이다. 부종(浮腫)으로 몸이 붓는 증상을 가리키는 표현은 '붓기'가 아니라 '**부기(浮氣)**'이다.

'세 살' 버릇과 '100세' 인생

2023년 **만 나이** 사용을 의무화하는 법안이 발의되면서 나이 기준이 새롭게 부각하고 있다. 지금까지 한국에서 나이 기준은 세 가지로 구분해 쓰였다. '한국 나이'는 태어나면 1세가 되고 해가 바뀌면 한 살씩 더해 간다. '연 나이'는 태어난 해는 0세가 되고 해가 바뀌면서 한 살씩 더해 간다. '만 나이'는 태어난 해는 0세가 되고 생일을 기준으로 한 살씩 더해 간다.

사람의 나이를 세는 의존명사 '**살**'과 '**세(歲)**'는 수관형사가 고유어인지, 한자어인지에 따라 구분해 쓰는 것이 바람직하다. 선행어가 고유어이면 '열두 살'처럼 '살'이 어울리고 한자어이면 '십이 세'처럼 '세'가 어울린다. 아라비아숫자도 '12세'처럼 '세'가 어울린다. 따라서 '열두 살', '십이 세', '12세'가 바람직한 표현이다.

이참에 동식물의 나이는 '살'이나 '세'가 아니라 '**12년생**'처럼 '**-년생**'이 바람직한 표현이다. 그러나 반려동식물을 '12년생' 대신에 '열두 살' 또는 '12세'로 쓴다고 해서 그리 나무랄 일은 아니라고 본다.

감히 '선영'에 물혀?

　현대 들어 장례문화가 많이 달라졌다. 매장 형식이 줄고 화장 후 유골을 봉안당에 모시는 사례가 많아졌다. 봉안당은 옛말인 납골당을 다듬은 말이다. 나무 밑에 안장하는 수목장이나 바람에 날려 보내는 풍장 같은 장사 형식도 확산되고 있다. 그러다 보니 시신을 매장한 뒤 봉분을 세우고 뗏장을 입혀 무덤을 만드는 일은 점차 사라지고 있다.

　어쩌면 **뫼, 묘, 산소, 무덤, 선산, 선영**이란 표현도 언젠가는 사라지게 될 것이다. 물론 벌초와 성묘도 행위뿐만 아니라 표현 자체가 사라질 수 있다. 그러나 화장 후 유골을 의미 있는 곳에 안장하고 작은 비를 세워 후손이 그곳을 찾아 기억할 수 있도록 산소를 조성하는 사례도 있어 쉽게 사라지지 않을 수도 있다.

　묘와 뫼, 무덤은 같은 말이고 산소는 이를 높여 부르는 말이다. 특히 조상이 잠든 산소를 **선영**이라고 하고 선영이 있는 산을 **선산**이라고 한다. 선영에 모신다고 하면 후손을 조상의 산소에 모시는 것이 되므로 '**선영하**' 또는 '**선산**'에 모신다고 해야 바른 표현이 된다.

'수도권'은 서울, 인천, 경기

　'**서울 등 수도권**'과 '**서울과 수도권**'이란 두 표현은 수도권의 범위를 달리한다. 서울 등 수도권이란 표현에는 서울이 수도권에 포함되지만 서울과 수도권이란 표현에는 서울이 수도권에 포함되지 않는다. 수도권정비계획법에 따르면 수도권은 수도 서울을 중심으로 한 주변 지역, 즉 인천, 경기를 포함하는 지역이라고 규정한다. 이 법령에 따르면 '서울과 수도권'은 잘못된 표현이다.

　그런데 또 한 가지 수도권과 관련해 잘못 사용하는 말이 있다. 바로 '**수도권 지역**'이란 표현이다. '수도권(首都圈)'의 '**-권**'은 '범위나 지역'의 뜻을 더하는 접미사이다. 지역을 나타내는 접사 '-권' 뒤에 굳이 '영역'이나 '지역'이란 말을 덧붙일 이유가 없다. 덧붙이면 군더더기만 될 뿐이다.

　가시권 영역, 금융권 영역, 북극권 지역, 생활권 영역, 성층권 영역, 대기권 영역이라고 쓰지는 않는다. 따라서 '수도권 지역'이나 '비수도권 지역'으로 써야 할 이유가 없다. 잘못 쓰이는 표현도 자주 쓰고 들으면 익숙해지게 마련이다.

'수입'이란 지역은 없다!

어릴 때 어른들이 '소고기'라 했지 '쇠고기'라 하지 않았다. 초등학교에 들어갔더니 '소고기'가 '쇠고기'로 변해 있었다. 이제는 소고기와 쇠고기가 복수표준어이다. 다른 나라와 자유무역협정(FTA)이 체결되면서 소고기가 수입되자 수입 소고기와 한우 소고기라는 말이 생겼다.

그런데 '**수입산 쇠고기**'라는 말이 언론에서 자주 등장한다. '수입'에는 '**–산(産)**'이 접미사로 붙을 수 없다. '–산'은 '미국산 소고기', '호주산 소고기'처럼 지역에 붙을 수 있고 '1955년산 포도주'처럼 생산 연도에 붙일 수 있는 접미사이다. 따라서 '수입산 소고기'는 '수입 소고기'로 고쳐 표현하는 것이 바람직하다.

이처럼 제품에는 접미사 '–산'을 쓰지만 사람과 동식물에는 '**–생(生)**'을 쓴다. 태어난 연도에 붙여 2011년생으로 쓰기도 하고 육십갑자에 근거해 '갑오생'처럼 쓰이기도 한다. 사람은 나이를 '살' 또는 '세(歲)'라고 쓰지만 동식물은 '–년생'으로 쓴다. 갑오생인 필자의 10년생 반려동물 '쿵이'는 2023년 '무지개다리'를 건넜다.

보고 '싶은' 친구를 만나고 '싶어 했던'

최근 '판문점서 트럼프만 만나고 **싶던** 김정은…'이라는 어느 언론사의 기사 제목에 눈길이 갔다. '만나고 싶던'이 비문법 표현이기 때문이다. '고프다', '아프다', '싫다', '좋다', '밉다', '그립다' 같은 화자의 심리 상태를 서술하는 형용사를 특히 '심리형용사'라고 한다.

이 심리형용사는 주어가 3인칭인 문장에서는 현재형으로 적을 수 없다. '길동이는 선녀가 좋다/싫다/밉다/그립다'로 적을 수 없다. 바르게 적으려면 '길동이는 선녀를 좋아한다/싫어한다/미워한다/그리워한다'처럼 바꿔 써야 한다. 또는 '길동이는 선녀가 좋다고 한다/싫다고 한다/밉다고 한다/그립다고 한다'처럼 바꿔 쓸 수도 있다.

화자의 심리를 청자가 구체적으로 알 수는 없다. 그래서 심리형용사는 '**-어한다**'처럼 '짐작' 형식이나 '**-다고 한다**'처럼 '전달' 형식의 동사로 표현해야 한다. 보조용언 '**싶다**'도 마찬가지이다. 따라서 '판문점서 트럼프만 만나고 싶어 했던/싶다고 했던 김정은…'으로 고쳐 적어야 문법에 맞는 표현이 된다.

잘못 쓰이는 '역임(歷任)'

"제7대 총장을 **역임한** 김○○ 교수는 정계 입문 의지를 밝혔다."

약력에서 이전의 직위를 소개할 때 '**역임(歷任)**'이란 말을 많이 쓴다. 그런데 이 단어는 경우에 맞게 제대로 써야 한다. 역임은 예문처럼 한 가지 직책을 두고 표현할 수 없는 말이다. '역임'은 '과거에 지냈음'이 아니라 '과거에 여러 직위를 두루 거쳐 지냈음'을 뜻하는 낱말이기 때문이다.

예문을 "제7대 총장을 **지낸/거친/맡았던** 김○○ 교수는 정계 입문 의지를 밝혔다."로 고쳐 써야 적절한 표현이 된다. 두 가지 이상 직책을 두루 거쳤다 해도 역임이란 낱말은 피하는 게 바람직하다. 그 대신 '지냈다/지냈음', '거쳤다/거침', '맡았다/맡았음' 정도로 쓰면 좋을 것이다.

"제7대 총장을 **역임한** 김○○ 교수는 정계 입문 의지를 밝혔다."(×)

"제7대 총장을 **지낸/거친/맡았던** 김○○ 교수는 정계 입문 의지를 밝혔다."(○)

짝이 있는 말 '연어, 관용어, 공기'

오랜만에 보고 싶었던 네 살배기 손자 정후가 집에 왔다. 거실에 들어오자마자 외투를 벗으며 자랑했다. "할아버지, 정후 내복했어!" 그때 필자는 "짚신도 제 짝이 있다"라는 속담을 떠올렸다.

짚신도 제 짝이 있듯 언어도 제 짝이 있다. 짚신의 짝이 맞지 않으면 신는 데 불편하듯이 언어도 짝이 맞지 않으면 읽는 데 불편하다. 문장 내에서 서로 짝을 이루어 쓰이는 말을 **구조어(構造語)**라고 부르는데 보통 **연어(連語)**와 **관용어(慣用語)**, **공기(共起)**를 들 수 있다. 이들 3가지 구조어가 호응을 이루지 않으면 문장은 어색하기 마련이다.

'내복'은 '하다'가 아니라 '입다'와 어울린다는 것은 연어 관계를 설명하는 것이다. 살짝 맞아도 아플 때 '손이 강하다'가 아니라 '손이 맵다'고 하는 것은 관용어 표현이다. '○○사고 10주기'의 '사고'와 '주기'는 공기 관계가 성립하지 않는다. 주기(週忌)는 '○○사고 **희생자 10주기**'처럼 사람에게만 쓰이는 표현이기 때문이다. '○○**사고 10주년**'이 바른 구조어이다.

'유감'은 사과가 아니다

요즘 정치권에서 자기의 실수를 사과한다는 의미로 '**유감**을 표명하다'라는 표현을 쓰는 모습을 보면 '이게 아닌데' 하는 생각을 감출 수 없다. 결론부터 말하면 '유감을 표명한다'고 하면 '섭섭하다' 또는 '불만스럽다'는 뜻이지 결코 '미안하다' 또는 '사과하다'라는 뜻이 담긴 표현이 아니다. 이 표현을 두고 '사과한 거나 마찬가지'라고 에둘러 옹호하는 것도 좀 우스운 모습이다.

'유감(遺憾)'이란 게 뭔가? '마음에 차지 아니하여 섭섭하거나 불만스럽게 남아 있는 느낌'이지 결코 '잘못을 인정하고 용서를 비는 마음'은 아니다. 그럼에도 자신이 잘못했다는 직접적인 표현보다는 '잘못은 인정하나 사과할 정도는 아니다' 정도로 완곡하게 표현하려는 의도에서 쓰는지는 모르겠지만 어쨌든 잘못 쓰는 말이다.

자신의 잘못을 옹호하거나 완곡하게 표현하고 싶다면 차라리 '그렇게 받아들였다면 미안하게 생각한다' 또는 '그런 뜻으로 말한 것은 아니지만 죄송하게 생각한다' 정도의 우회 표현이 적절하지 않을까 싶다.

'접목시키다'는 '접목하다'로

오래전 《축제》라는 제목의 한국 영화를 본 적이 있다. 제목과 달리 그 영화는 할머니 한 분이 임종하면서 이후 이어지는 전통 장례식 모습만 담겨 있다. 전통 장례식을 처음부터 끝까지 살펴보는 데는 제격인 영화다. 마지막 장면에서 유족이 굳은 표정으로 사진을 찍으려고 모여 선다. 그때 상두꾼이 한마디 한다. "무슨 초상났냐? 웃어라 웃어!" 그러자 유족 모두 와르르 웃는 모습과 함께 영화가 끝난다.

여기 '**임종하다**'라는 단어는 물론 '죽음을 맞이한다'라는 의미로도 쓰이고 '부모가 돌아가실 때 곁에서 지킨다'라는 의미로도 쓰이는 단어이다. 따라서 '그가 임종할 때 그의 아들과 며느리가 임종했다'처럼 쓸 수도 있다는 것이다. 좀 어색하긴 해도 틀린 표현은 아니라는 것이다.

그런데 교열하다 보면 눈에 자주 띄는 표현 오류는 '사사받다', '사열받다', '접목시키다', '자문받다' 등이다. 이들 표현은 '**사사하다**(스승으로 섬기다)', '**사열하다**(부대를 살피다)', '**접목하다**(접붙이다)', '**자문하다**(의견을 묻다)'로 써야 바른 표현이다.

'자문'은 받거나 구하는 게 아니다

'에누리, 빚쟁이, 강의료, 접수.'

이들 중 정반대의 뜻도 동시에 포함된 단어는 무엇일까? 정답은 '접수' 외에 모두 해당한다. 에누리는 할인과 바가지를, 빚쟁이는 채권자와 채무자를, 강의료는 강사료와 수강료를 동시에 이르는 말이니까.

그런데 **접수(接受)**는 있어도 접수(接授)는 없다. 받는다[受]는 의미만 있고 준다[授]의 의미는 포함되지 않은 단어이다. 가령 '입사원서 접수'는 '지원자가 낸다'는 의미가 아니라 '기업에서 원서를 받다'는 의미로 쓰인 것이다.

이와 비슷하게 구분해 써야 하는 단어가 바로 **'자문(諮問)'**이다. 자문이란 단어 역시 '누구에게 묻다'이지 '누구에게 구하다' 또는 '누구에게서 받다'라는 의미로 쓸 수 없는 단어이다. 따라서 자문은 '받다', '주다', '얻다', '구하다'라는 표현과 어울릴 수 없다. 따라서 '자문역'도 있을 수 없다. '누구에게 자문해(서)'만 가능한 것이다. '자문'하면 '조언'이나 '충고', '도움'을 받는 것이다. 자문은 받는 게 아니다.

저는 '박가'입니다

'박가', '박씨' 처럼 성씨의 의미를 더하는 접미사로 '-가'나 '-씨'를 쓴다. 그런데 이 두 가지는 가려 써야 할 때가 있다. 초면인 손윗사람을 만나면 간혹 "자네 성씨는?" 하고 물어올 때가 있다. "박씨입니다."라고 대답하면 결례이다. "박가입니다."가 겸양의 표현이다.

과거 언론사 재직 시절 신문 기사에 '구가(具家)'라는 표현이 독자에게 노출되고 말았다. 당연히 그다음 날 신문에 '구가(具家)는 구가(具哥)의 오류입니다'라는 내용의 정정 기사가 나갔음은 물론이다. 이처럼 한자를 오해하는 경우가 더러 눈에 띈다.

예를 들면 다른 사람을 포용할 만한 도량을 나타내는 단어 '**금도**'는 '禁度'가 아니라 '襟度'이고 임금이 내리는 '**사약**'은 '死藥'이 아니라 '賜藥'이다. '지천으로 깔린'처럼 쓰이는 '**지천**'은 '地天'이 아니라 '至賤'이고 '**균열**'은 '均裂'이 아니라 '龜裂'이다. 마지막으로 '**거래선**'은 '去來線'이 아니라 '去來先'이지만 이 말은 일본어식 표현이라 '**거래처**'로 순화해서 쓰는 게 바람직하다.

가려 써야 하는 '전망'과 '기여'

아래 두 문장을 비교해 보자.

가. 광고시장 경기는 하반기에 뚜렷한 **증가세**를 보일 것으로 **전망**된다.

나. 대내외 불안요인 확대로 성장세가 **둔화**될 것으로 **전망**된다.

먼저 '**전망**'이란 단어의 의미를 살펴보면 '앞으로 실현될 수 있는 성질이나 정도'이다. 또 실현이란 '꿈, 기대 따위를 실제로 이룸'을 뜻하는 단어이다. 이들 뜻풀이에 따른다면 전망은 긍정적인 대상과 어울려 써야 자연스럽다는 점을 확인할 수 있다. 그렇다면 예문 '가'는 가능하나 '나'는 전망을 '우려'나 '판단', '예상', '예측' 등으로 대체하는 것이 바람직하다. 더욱이 '사망자가 더 늘어날 것으로 전망된다' 같은 문장은 심하게 잘못된 표현이다.

다른 한편 '**기여**'라는 단어도 '도움이 되도록 이바지하다'는 뜻풀이에 따라 긍정적인 일에 쓰여야 옳다. 예를 들어 '남편의 뒷바라지가 아내의 **성공**에 **기여**한 바 크다'는 가능하겠지만 '부동산 가격 상승이 **경기 침체**에 **기여**했다' 같은 표현은 부적절하다. 이때는 기여 대신에 '한몫'이라는 단어가 더 어울린다.

비문의 주범 '전망이다'와 '전망되다'

문서를 교열하는 사람은 항상 두 가지를 염두에 둬야 한다. '수정해야 하는 부분'과 '수정하면 좋은 부분'이다. 전자는 어문 규범 오류와 비문(非文)을 수정하는 것이고 후자는 장문이나 난 문을 윤문(潤文)하는 것이다. 전자를 소홀히 하면 욕을 먹고 후자 를 제대로 하면 칭찬을 듣는다.

비문이란 문법에 맞지 않는 문장을 가리킨다. 비문은 3가지 로 구분해 이해할 수 있다. 어문규범에 위배되는(**비문법**) 문장과 문장성분 간 호응이 이뤄지지 않는(**비호응**) 문장, 내용 서술이 논 리에 맞지 않는(**비논리**) 문장이다. 이 같은 비문은 반드시 바르게 수정돼야 한다.

문서에서 자주 발견되는 비문의 주범이라면 아마도 서술어로 쓰인 '**전망이다**'일 것이다. '최종 결정은 하반기에 이뤄질 전망이 다.' 이 문장은 '최종 결정은(주어)=전망이다(서술어)' 구조로 비 문(비호응)에 해당한다. '최종 결정은 하반기에 이뤄질 것으로 전망된다(보인다)' 정도로 고쳐 *써야* 옳다.

어이없는 준말 '제·개정', '확·포장', '취·등록세'

융합(融合)과 복합(複合)을 줄여 융·복합으로, 출근(出勤)과 퇴근(退勤)을 출·퇴근이라고 줄여 쓸 수 있다. 한자어 '합(合)'과 '근(勤)'이 같아서 가능하다. 그런데 한자어가 달라 줄여 쓸 수 없는 경우도 있다. 줄여 쓸 수 없음에도 쓴다면 오류이다.

예를 들면 법률 **제·개정** 같은 경우이다. 제정(制定)과 개정(改正)의 한자 '정[定, 正]'이 다르다. 그래서 제·개정으로 줄여 쓸 수 없다. 결국 '법률 **제정·개정**'으로 쓸 수밖에 없다.

도로 확장(擴張)과 포장(鋪裝)도 **확·포장**으로 쓸 수 없다. 한자어 '장[張, 裝]'이 다르기에 그렇다. 만약 확·포장을 한자로 바꿔 쓴다면 '擴·鋪裝'으로도, '擴·鋪張'으로도 쓸 수 없다. 따라서 '도로 **확장·포장**'으로 '장'을 모두 살려 써야 한다.

취·등록세는 더더욱 어이가 없는 줄임말이다. 취득세(取得稅)와 등록세(登錄稅)를 줄여 쓸 때 세(稅)만 공통 음절이기에 그렇게 쓸 수는 없다. '취록세'가 아니라 취득세와 등록세가 결합한 표현이라면 '취득·등록세'로 줄여 쓰는 게 옳다.

'제공해 주다'는 겹말

중학교 3학년 담임을 맡았던 초임 교사 시절이었다. 어느 학부모 내외분이 우리 부부를 찾아와 사정이 급박해 자식을 혼자 두고 지금 어디론가 떠나야 한다며 1년만 좀 맡아 달라고 간곡하게 부탁했다. 그날 이후 우리 부부는 1년 동안 그 아이를 **재워주고, 입혀주고, 먹여주며** 함께했다. 그때 그 아이가 지금은 어떻게 지내는지 몹시 궁금하다.

'재워주고, 입혀주고, 먹여주며'의 **'주다'**는 **'-어 주다'** 꼴로 쓰이는 보조동사이다. 본동사의 행위가 다른 사람에게 영향을 미칠 때 주로 쓰인다. '-어 주다'는 띄어 쓰는 게 원칙이나 앞선 말이 두 음절 이내이면 '보여주다', '맡아주다'처럼 붙여 쓰는 것도 허용된다.

그런데 본동사가 **'제공하다'**처럼 이미 '주다'라는 명확한 의미가 포함된 단어에 보조동사 '-어 주다'를 덧쓰면 어색한 겹말 표현이 된다. 따라서 **'제공해 준** 항공편으로 귀국했다'는 **'제공한** 항공편으로 귀국했다'로, '폭넓은 시야를 **제공해 주었다'**는 '폭넓은 시야를 **제공했다'**로 간결하게 표현하는 것이 바람직하다.

비논리 표현 '증감률, 고난이도, 승부욕'

'증감률, 고난이도, 승부욕.'

이 세 단어가 사실은 입말이나 글말 할 것 없이 자주 사용되는 표현이지만 사실은 비논리적으로 조합된 복합어이다. **'증감률'**은 경제와 관련한 글에서, **'고난이도'**는 시험과 관련한 글에서, **'승부욕'**은 스포츠와 관련한 글에서 주로 많이 발견된다. 사전에 등재되어 있든 말든 '말이 안 되는' 말이다.

'증가율'이나 **'감소율'**로 쓰는 것은 증가 비율과 감소 비율을 나타내기 때문에 문제가 없다. 다만 '증감률'은 실제 비율 산정이 불가능한 개념이다. **난이도**는 '어려움과 쉬움의 정도'를 나타낼 때 쓰이는 단어이다. 그렇기에 '고난이도'나 '난이도가 높다' 또는 '난이도가 낮다'처럼 쓸 수 없다.

'승부욕이 넘치다'나 **'승부하다'** 같은 표현도 비논리적 표현에 해당한다. '승욕(승리욕)'과 '부욕(패배욕)'은 동시에 품을 수 없는 개념이기 때문이다. 다만 '승부수', '승부처'처럼 복합어로 사용하거나 '승부를 가르다', '승부에 집착하다'처럼 서술형으로 사용하는 것은 문제가 되지 않는다.

'진위'는 '여부'와 어울리지 않는다

'온·오프라인으로 발급받은 예방접종 증명서를 수령한 개인이 문서의 **진위 여부**를 확인하는 서비스입니다.'

질병관리청의 '예방접종 증명서 진위 확인 서비스' 안내문에서 가져온 문장이다. 표현 오류인 '진위 여부를 확인하는'을 영어 버전으로 확인했더니 '⋯check the authenticity(진위를 확인⋯)'였다. 진위는 여부와 어울려 쓸 수 없는 말이다.

여부(與否)는 말 그대로 '그러함과 그러지 아니함'을 뜻하는 명사이다. 보고서 등 문서에서 참 많이 쓰이는 어휘이다. 가령 '납부 여부 확인'은 납부함과 납부하지 아니함을 확인, '참석 여부 확인'은 참석함과 참석하지 아니함을 확인한다는 의미로 쓰이는 표현이다.

그런데 이를 오해하고 잘못 쓰는 경우가 눈에 많이 띈다. 바로 그러함과 그러지 아니함을 동시에 담은 단어에 여부를 쓰는 경우이다. '진위 여부 확인'은 '진위 확인'만으로 충분하다. 그 외에도 '찬반 여부', '성패 여부', '가감 여부' 같은 표현이 이에 해당한다. 이들 표현에는 '여부'를 쓸 이유가 없다.

숫자 표기는 '만 단위'로

규모를 이해하는 데는 숫자가 적격이다. '축구장 길이의 ○ 배' 또는 '여의도 넓이의 ○배'처럼 비유적으로 독자에게 이해시키려는 경우도 있지만 '○배' 역시 숫자이다. 숫자를 지나치게 의식해 수량적인 사항만을 중시하여 일을 처리하는 것을 낮잡아 이르는 '숫자 놀음'이란 말이 쓰인다.

수치의 규모가 커지면 쉼표나 단위를 넣어 분리해 나타내기도 한다. 그러나 한글맞춤법에서는 **'만 단위'**로 띄어 쓰도록 규정하고 있다. 예를 들어 '1234567898'이라는 수치를 단위별로 띄어 쓴다면 '십이억 삼천사백오십육만 칠천팔백구십팔' 또는 '12억 3456만 7898'이 된다는 것이다(단, 금액은 붙여 씀을 허용).

그러나 많은 통계표에서는 천 단위, 만 단위, 십만 단위, 백만 단위 등 다양하게 표현되고 있고 쉼표(,)도 사용하고 있다 보니 언뜻 눈에 들어오지 않을 때가 많다. 가령 '3.2백만 명'과 '3200천 명', '320만 명' 중 어떤 표현이 가장 빠르게 이해될까. 일반인이라면 '320만 명'이 아닐까 싶다.

단어가 겹치는 '첩어', 의미가 겹치는 '겹말'

첩어(疊語)는 같은 '모양'의 단어가 겹치는 말이고 **겹말**은 같은 '의미'의 단어가 겹치는 말이다. **'매 순간순간마다'**는 첩어와 겹말이 모두 포함된 표현이다. '순간순간'은 첩어고 '매'와 '순간순간', '마다' 모두 '낱낱이 모두'라는 겹말이기에 그렇다. 겹말을 피하려면 '매 순간', '순간순간', '순간마다'라고 쓰면 된다.

'각 연도별'도 겹말에 해당한다. **'각'**과 **'-별'**이 같은 의미이기 때문이다. 겹말을 피하려면 '각 연도'나 '연도별'로 쓰면 된다.

또 **'취재진들, 대중들'** 같은 복수 표현도 겹말이다. **'-진(陣)'**이나 **'-중(衆)'**은 '무리'라는 의미를 내포하기에 '-들'과 같이 쓰면 의미가 중복된다.

'피해(被害)를 입다, 결실(結實)을 맺다'라는 표현도 겹말이다. '피해를 보다, 결실을 보다'로 고쳐 쓰면 된다.

어림수를 나타낼 때 **'약 10여 년 정도쯤'**이라고 쓰면 무려 4중 겹말이 된다. '약 10년'이나 '10여 년', '10년 정도', '10년쯤' 중 한 가지로 쓰는 게 바람직하다.

화재로 '초토화', 못 쓰게 된 '쑥대밭'

우리말에서 '**타다**'는 모두 9가지 의미로 쓰인다. ①불에 타다 ②말을 타다 ③가루를 물에 타다 ④곗돈을 타다 ⑤박을 타다 ⑥ 거문고를 타다 ⑦때가 타다 ⑧솜을 타다 ⑨손을 타다 등이다. 그 중에서 ①불에 타다의 '타다'는 한자어로 탈 초(焦)이다.

이 초(焦)가 포함된 단어로 초점(焦點)이 있다. [초쩜]으로 발음된다고 해서 '촛점'으로 쓰면 잘못된 표현이다. 한자어가 결합된 단어에는 6개만 제외하고 사이시옷을 쓰지 않기 때문이다. 관용적 표현으로는 '초미(焦眉)의 관심사'가 있다. 초미(焦眉)는 말 그대로 '눈썹[眉]에 불이 붙은[焦] 것같이 매우 위급한 사안'을 뜻하는 의미로 쓰인다.

'**초토화(焦土化)**'라는 표현도 있는데 '불에 타서 검게 그을린 땅[焦土]처럼 만드는 것'을 가리키는 단어이다. 이 단어를 쓸 때는 '홍수로 논밭이 초토화되었다'라는 표현은 피하는 게 좋다. 홍수로 그을린 땅이란 어울리지 않는 표현이라 초토화 대신 '**쑥대밭**'이란 표현으로 대체하는 것이 바람직하다.

'최고' 부자는 오직 한 사람

번역 프로그램은 '최고 갑부 중 한 사람'을 'one of the richest men'이라는 영문으로 토해낸다. 영어 표현은 번듯하지만 한국어 표현은 결코 그렇지 않다. 언제부터인가 이처럼 '가장 ○○한 △△ 중 하나', '제일 ○○한 △△ 중 하나', '최고 ○○한 △△ 중 하나' 같은 표현이 문장에 버젓이 자리 잡고 있다.

가장, 제일, 최고라는 '으뜸' 수식어가 붙으면 유일한 존재가 된다. 우리나라에서 돈이 가장 많은 사람은 한 사람이다. 돈이 제일 많은 사람도 한 사람이다. 돈이 최고 많은 사람도 한 사람이다. 그래서 '돈이 가장/제일/최고 많은 사람 중 한 사람'은 논리적으로 성립하지 않는 표현이다.

더욱이 갑부는 '첫째가는 큰 부자'이기에 **최고 갑부**는 겹말 표현이다. 거기에다 '갑부(최고 부자) 중 한 사람'은 논리에도 맞지 않는 표현이다. 그냥 '갑부'만 쓰든지, '돈이 **아주** 많은 사람 중 한 사람'처럼 '**으뜸**(최고, 제일, 가장)'이 아니라 '**버금**(아주, 매우)' 꾸밈으로 표현하면 무난하다.

'침묵'의 소리

'Hello darkness my old friend'로 시작하는 〈침묵의 소리(The Sound of Silence)〉는 사이먼과 가펑클(Simon and Garfunkel)이 부른 팝송으로 1965년 빌보드차트 1위에 올랐다. 이 노래가 아스라이 떠오르던 2010년 대학원 재학 시절 '침묵'도 언어학에서는 '소리' 영역에서 다룬다는 기묘한(?) 답변을 어느 교수에게 들었다.

그런데 우리말에서 소리와 함께 적으면 매우 곤란한 단어가 여럿 있다. '발자국'처럼 '소리' 의미가 없는 단어와 함께 쓰거나 '신음', '함성', '아우성', '인기척'처럼 이미 '소리'의 의미가 포함된 단어에 소리를 덧쓰는 경우를 예로 들 수 있다.

발자국은 소리와 상관없는 단어이기에 '발자국 소리'는 '발소리' 또는 '발짝 소리'로 고쳐 써야 한다. '**인기척**'은 소리가 포함된 단어라 '인기척 소리'로 쓸 이유가 없다. '신음 소리', '함성 소리', '아우성 소리'도 겹말이므로 '신음', '함성', '아우성'으로만 써야 한다.

'피우다'를 '피다'로 줄여?

'담배, 바람, 불, 연기, 냄새, 재롱, 웃음꽃, 소란.'

이들 단어가 목적어 기능을 하게 되면 모두 **피우다**와 연어 관계에 놓이게 된다. 따라서 '담배를 피우다', '바람을 피우다', '불을 피우다', '연기를 피우다', '냄새를 피우다', '재롱을 피우다', '웃음꽃을 피우다', '소란을 피우다'처럼 적어야 바른 표현이 된다.

피우다는 주동사 **피다**에 사동 형성 접미사 **-우**가 결합된 파생어로 '피다'로 줄여 쓸 수 없다. 그럼에도 '담배를 피다', '바람을 피다', '불을 피다', '연기를 피다', '냄새를 피다', '재롱을 피다', '웃음꽃을 피다', '소란을 피다'처럼 잘못 쓰이는 경우를 많이 발견하게 된다.

'**꽃이** 피었다'나 '**꽃을** 피웠다'처럼 문장성분 간 바르게 짝을 이뤄야 한다. '꽃을 피다'나 '꽃을 핀', '꽃을 피고'로 활용할 수 없듯이 마찬가지로 '바람을 피다'나 '담배를 핀', '소란을 피고'로 활용할 수 없다. 반드시 '바람을 피우다', '담배를 피운', '소란을 피우고' 등으로 써야 바른 표현이다.

전쟁은 '피란', 재난은 '피난'

의미가 비슷하지만 반드시 가려 써야 하는 단어가 있다. **선산과 선영, 선친과 부친, 주년과 주기, 진앙과 진원, 작렬과 작열, 봉지와 봉투, 봉오리와 봉우리, 망울과 멍울, 갱신과 경신** 등 모두 열거할 수 없을 만큼 많다. 이들 단어는 의미와 쓰임을 확실하게 알고 가려 써야 할 것이다.

마찬가지 경우로 **피난(避難)**과 **피란(避亂)**도 뺄 수 없다. 피난은 '재난(災難)을 피하여 옮겨 가는 것'이라면 피란은 '난리(亂離)를 피해 옮겨 가는 것'을 가리키는 말이다. 난리는 나라와 나라 간 전쟁뿐만 아니라 내전도 해당한다. 피난과 피란은 한자도 난(難)과 란(亂)으로 다르고 의미 또한 다르다.

따라서 재난을 피해 옮겨 가는 것이라면 피난으로, 전쟁을 피해 옮겨 가는 것이라면 피란으로 표현하는 것이 옳다. 재난을 피해 가는 경우는 '피난길', '피난민', '피난살이', '피난지', '피난처' 등으로, 전쟁을 피해 가는 경우라면 '피란길', '피란민', '피란살이', '피란지', '피란처' 등으로 표현해야 한다.

줄면 줄수록 문장이 간결해지는 '-들'

'여러 학교들에서 10여 명의 교사들이 30여 명의 학생들을 데리고 서울의 문화재들을 둘러보았다.' 이 문장을 구글 번역 프로그램에서 돌렸더니 이런 번역문을 내놓았다.

'More than 10 teachers from several schools took over 30 students and visited the cultural assets of Seoul.'

이번에는 접사 '-들'을 모조리 제거하고 다시 번역을 요청했다. 과연 영어 문장에서도 복수 표현(-s)이 사라질까? 결과는 위와 똑같은 영어 문장을 내놓았다.

우리말 문장에서는 복수를 나타내기 위해 굳이 접사 '-들'을 쓸 이유가 없다. '모든, 여러, 다양한, 수많은, 수없는, 곳곳에, 대부분' 같은 수식어를 동반하거나 정확한 수치와 함께 쓰이는 말에는 '-들'을 쓰지 않는 것이 바람직하다.

'**10여 명의 교사가 30여 명의 학생들을 데리고⋯**'와 '**교사 10여 명이 학생 30여 명을 데리고⋯**'라는 문장을 비교하면 이해가 쉬우리라 본다.

자식의 의무 '효도', 손주의 의무 '공경'

"부모가 온효자 되어야 자식이 반효자 된다"라는 속담이 있다. 여기서 효자(孝子)란 부모를 잘 섬기는 아들을 뜻하는 말이다. 효녀(孝女)는 부모를 잘 섬기는 딸을 뜻하는 말이다. **효(孝)**는 어버이를 잘 섬기는 일을, **효도(孝道)**는 어버이를 잘 섬기는 일이나 도리를 뜻한다.

'섬기다'는 '받들다', '모시다'라는 의미이다. 이 뜻을 모르는 자식이 없고, 섬겨야 한다는 당위를 모르는 자식도 없다. 그런데 부모를 섬기지 않는 자식이 있다면 그건 그 부모의 탓이라는 속담을 되새겨봄직하다.

그런데 효와 관련한 단어의 뜻풀이 어디에도 조부모는 들어 있지 않다는 데 주목하면 효는 오롯이 자식에게만 해당하는 용어로 볼 수 있다. 효도의 대상은 '부모'라는 말이다. 조부모에게는 효도가 아니라 **'공경(恭敬)'**이란 표현이 어울린다. 물론 조손 가정에서 조부모 손에서 자란 손주는 부모처럼 길러 주신 조부모께 효도란 말을 쓸 수도 있고, 부모에게도 공경이란 표현을 쓸 수도 있다. 그러나 표현보다 중요한 것은 마음이다!

'행복한 하루가 되세요'라고 할 수 없는 이유

"좋은 하루 되세요!", "오늘도 행복하세요!"

문자메시지뿐만 아니라 대화나 통화할 때도 많이 쓰이는 마무리 인사 문장이다. 잘못 쓰이는 표현인 줄 모르고 쓰기도 하지만 알고 쓰는 경우가 더 많다.

냉정하게 말해 사람은 결코 '좋은 하루'가 될 수 없음에도 끊임없이 '좋은 하루가 되라'는 독촉(?)을 하루에도 몇 번씩 받는다. '선배(는) 좋은 하루(가) 되세요'에서 '선배'는 주어이고 '좋은 하루'는 명사구로 구성된 보어이다. 서술어가 '되다'인 문장에서 주어와 보어는 **동격**이어야 한다. **'선배'**와 **'좋은 하루'**는 동격이라 할 수 없다. 그래서 비문인 것이다. **'선배, 좋은 하루 보내세요!'**가 바른 표현이다.

또 '행복하다, 건강하다' 같은 형용사는 명령형이나 청유형 문장의 서술어로 쓸 수 없다. 그래서 '오늘도 (당신은) 행복하세요!'나 아픈 사람에게 '얼른 건강하세요!'라는 문장은 비문에 해당한다. 상대방이 행복하기를 원한다면 **'행복하게 지내세요!'** 하면 되고, 아픈 사람이 건강하기를 기원하려면 **'건강을 회복하세요!'**처럼 동사형으로 쓰면 된다.

'회자되다'와 '입에 오르내리다'

중국인이 예부터 평소에 즐겨 먹었을 뿐만 아니라 제사상에 귀하게 올렸던 음식 중에서 육회와 구운 고기가 있다. **회자(膾炙)** 는 '**육회[膾]**'와 '**구운 고기[炙]**'를 가리키는데 오늘날에는 '칭찬을 받으며 사람의 입에 자주 오르내림을 이르는 말'이란 뜻이며 '인구에 회자되다'라는 관용적 표현으로 쓰이기도 한다. 그런데 이 '회자'라는 단어는 제대로 잘 써야 한다.

가령 '택배 착불비 3,000원 **갑질 사건**이 뒤늦게 **회자**되는 까닭은?' 같은 문장은 어울리지 않는 표현이다. 더욱이 '한국사에서 가장 많이 **회자**되는 **죽음**' 같은 표현은 아주 잘못 쓰인 경우이다.

'멈춰버린 축구에도 끊임없이 **회자**되는 손흥민의 **원더골**' 같은 표현은 적절하게 쓰인 경우이다. 회자를 쓸 수 있는 조건은 바로 '**칭찬을 받으며**'에 있다. 칭찬 받을 만한 일에만 '회자'를 쓸 수 있다는 말이다. 원망 들을 일이나 질타의 대상, 부정적인 표현에는 쓸 수 없다. 이 경우에는 '**회자되다**' 대신에 '**입에 오르내리다**'가 맞는 표현이다.

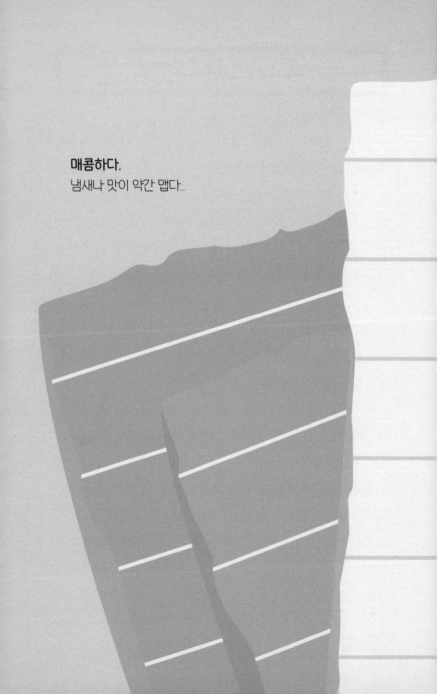

매콤하다.
냄새나 맛이 약간 맵다..

VI. 매콤한 사자성어

맛	있	는			
			우	리	말

제대로 쓰면 유용한 '사자성어'

어느 TV 개그 프로그램에서 싸움하는 장면을 본 적이 있다. 한쪽 편에서 차마 입으로 말하기 민망스러운 '時發男娥'라는 사자성어를 내뱉었다. 대사는 이렇게 이어졌다. "야, 그거 욕이잖아!" "욕이 아니야. 때가 되면 떠날 줄 아는 아름다운 남자라는 뜻이야." 이를 사자성어라고 할 수는 있어도 고사성어는 아니다. 말 그대로 옛이야기(고사)가 담겨야 고사성어이다.

최근 정치계에서 심심찮게 들을 수 있는 게 사자성어이다. 가나다순으로 적어보면 **망월폐견, 면후심흑, 멸사봉공, 삼성가노, 삼인성호, 선공후사, 선당후사, 앙천대소, 약마복중, 양두구육, 위인설법, 증자살인, 지록위마, 혹세무민, 후안무치** 등 많기도 하다.

이참에 일상에서 잘못 쓰이는 대표적인 사자성어를 정리해보려고 한다. 동거동락(→**동고동락**), 산수갑산(→**삼수갑산**), 성대묘사(→**성대모사**), 야밤도주(→**야반도주**), 양수겹장(→**양수겸장**), 일사분란(→**일사불란**), 절대절명(→**절체절명**), 평양감사(→**평안감사**), 풍지박산(→**풍비박산**), 홀홀단신(→**혈혈단신**).

'견강부회'와 '아전인수'의 차이

언행(言行)이란 **말[言]**과 **행동[行]**을 아울러 이르는 말이다. 언행이 다른 사람의 이익을 위하는 사람을 이타주의자라 일컫는 반면에 자신의 이익만을 위하는 사람을 이기주의자라 일컫는다. 자기의 이익만 추구하는 사람, 즉 이기주의자에게 어울리는 사자성어 두 가지를 꼽으라면 아마도 **'견강부회(牽强附會)'**와 **'아전인수(我田引水)'**일 것이다.

'견강부회'는 직역하면 '억지로 끌어다[牽强] 갖다 붙이다[附會]'로, 이치에 맞지 않는 말을 억지로 끌어 붙여 자기에게 유리하게 한다는 의미로 쓰인다. 이와 달리 '아전인수'는 직역하면 '자기 논[我田]에 물 대기[引水]'로, 자기에게만 이롭게 되도록 생각하거나 행동한다는 의미로 쓰인다.

오늘날 이 두 가지 사자성어가 우리나라 정치권에서도 자주 오르내린다. 견강부회와 아전인수를 문맥과 관련 없이 같이 쓸 수는 없다. '견강부회'는 주로 '말[言]'과 관련된 표현이고, '아전인수'는 '말'뿐만 아니라 '생각[思]'이나 '행동[行]'과도 관련된 표현이기 때문이다.

'과유불급'이 필요한 습관

자공이 공자에게 **'사(師)'**와 **'상(商)'** 중 누가 더 어진 사람이냐고 물었다. 공자가 '사'는 지나치고 '상'은 미치지 못한다고 답했다. 자공이 다시 '사'가 낫다는 말이냐고 반문했다. 그때 공자가 **과유불급(過猶不及)**이라는 말을 했다고 한다.

교열하기 위해 펼친 원고에서 가끔 이 사자성어, 과유불급이 입속에 맴돌 때가 있다. 필자가 과유불급이라고 생각하는 것은 ①**쉼표(,)**와 ②부사 **'및'** ③**'-에 대하여/대한'** 등 3가지이다. 이 3가지를 탓하는 게 아니라 이 3가지를 즐겨 쓰는 습관을 탓하는 것이다.

쉼표(,)는 단어나 구, 절을 나열할 때나 안 쓰면 독자의 의미 이해에 혼동을 줄 수 있는 부분에만 사용하는 습관이 필요하다. 또 접속조사 **'와'**나 **'과'**, **'이나'**를 써야 할 자리에 부사 **'및'**을 많이 쓰는 습관도 그리 좋은 습관은 아니다. 그리고 번역체 표현으로 알려진 **'-에 대하여'**나 **'-에 대한'**을 쓰는 사람이 의외로 부지기수이다. 글을 잘 쓰는 사람은 절대로 이 3가지를 남용하지 않는다!

'영서연설'과 '부주의 맹시'

고대 중국에서 벌어진 일이다. 초나라 사람이 연나라 재상에게 편지를 썼다. 한밤중이라 글씨가 잘 보이지 않자 대필하던 사람에게 '**거촉(擧燭: 촛불을 들라)**'이라고 했다. 거촉이 편지에 그대로 적혔다. 연나라 재상은 거촉을 '어진 이의 천거'로 해석했고 실제 어진 이를 등용하여 다스려졌다고 한다. **영서연설(郢書燕說)**이 나오게 된 사연이라고 한다.

사람은 누구나 자기가 보고 싶은 것만 본다는 '**부주의 맹시**'에 쉽게 빠진다. '북경기'의 '북경'을 중국 지명으로 보고 '베이징기'로 수정하는 경우를 본 적도 있다. 예를 들어 '보다'가 업체 이름이라면 조사 '보다'와 겹쳐 '보다보다'로 쓰일 수도 있다. 조사 '보다'의 중복으로 보고 하나를 빼는 순간 문장은 비문이 된다.

부주의 맹시 현상에 빠지지 않으려면 반복해서 확인하는 방법보다 더 나은 방법은 없다. 그래서 교열은 특히 부주의 맹시 현상을 경계해야 한다. 영서연설과 함께 국회의원들의 '한땡땡' 발언과 '이모' 발언이 떠올려지는 건 비단 필자만의 느낌은 아닐 것이다.

'십시일반'이 '일시십반'으로

2000년까지는 노인부양비 부담은 **십시일반(十匙一飯)**으로 가능했다. 그러나 고령인구가 많아지는 대신 출생률이 떨어지면서 2020년에는 **오시일반(五匙一飯)**으로 부담이 커졌고, 2060년에는 **일시십반(一匙十飯)**으로 역전된다는 통계가 있다. 우리나라 미래의 한 단면이다.

십시일반은 밥 열 술이 한 그릇이 된다는 뜻으로 여러 사람이 조금씩 힘을 합하면 한 사람을 돕기 쉬움을 이를 때 쓰이는 사자성어이다. 열 그릇의 밥에서 한 술씩 덜어내 밥 한 그릇을 만든다는 의미의 **십반일시(十飯一匙)**도 같은 의미로 쓰인다.

여기서 한자 **시(匙)**는 숟가락을 뜻한다. 그런데 왜 '**젓가락**'처럼 '숫가락'이 아니고 '**숟가락**'일까? 바로 한글맞춤법 제29항 "끝소리가 'ㄹ'인 말과 딴 말이 어울릴 적에 'ㄹ' 소리가 'ㄷ' 소리로 나는 것은 'ㄷ'으로 적는다."라는 규칙에 따른 것이다. 이 규칙에 따라 숟가락의 단위인 '**술**'이 '**숟가락**'이 된 것이다. '**설**'이 '**섣달**'이 되고 '**바느질**'이 '**반짇고리**'가 되는 것도 같은 원리이다.

무모한 모험 '입화습률'

대구에서 안동 방향으로 가다 군위군 부계면을 향해 우회전해서 들어가면 제2석굴암으로 불리는 군위삼존석불을 만나게 된다. 거기서 좀 더 올라가면 '대율리'라는 아담한 마을이 있다. 예부터 굵은 밤이 생산되는 마을이라 해서 '한밤[大栗]마을'로도 불렸다.

밤은 한자어로는 **율자(栗子)** 또는 **율황(栗黃)**이다. 생밤은 **생률(生栗)**, 말린 밤은 **건율(乾栗)**이다. 밤은 밤송이와 겉껍질, 속껍질 등 3겹 껍질을 갖춘 식용 열매이다. **밤색**은 겉껍질의 색깔을 가리키고 **보늬**는 속껍질을 가리킨다. 밤은 **외율(煨栗, 군밤), 숙률(熟栗, 삶은 밤), 밤죽, 밤암죽, 밤밥, 밤떡, 밤설기, 밤싸라기, 밤경단, 밤초, 율란(栗卵), 밤편** 같은 음식의 재료로 쓰인다.

제사상 차림 중 한 가지로 대추, 밤, 배, 감을 이르는 '**조율이시(棗栗梨枾)**'의 **조율(棗栗)**은 **폐백(幣帛)**과 같은 말로도 쓰인다. 또 밤을 줍기 위해 불 속으로 뛰어든다는 '**입화습률(入火拾栗)**'은 사소한 이익을 얻기 위하여 큰 모험을 하는 어리석음을 이르는 말이다.

좌포우혜? 좌포우해?

식혜(食醯)와 **식해(食醢)**는 발음만 비슷할 뿐 전혀 다른 음식이다. '초 혜(醯)'와 '육장 해(醢)'는 과거에 선비의 실력을 가늠하는 잣대로 쓰였다는 말이 있을 정도로 헷갈리는 한자이다. 식혜와 식해는 둘 다 발효 음식이긴 하나 식혜는 음료로, 식해는 반찬으로 구별된다.

이 두 가지 한자가 각각 조합되어 제사상 차림에서 쓰이는 말 가운데 **좌포우혜(左脯右醯)**가 맞는지, **좌포우해(左脯右醢)**가 맞는지 질문을 받은 적이 있다. 일단 표준국어대사전에는 좌포우혜만 있고 좌포우해는 올라 있지 않다. 그러면 좌포우해는 잘못된 표현일까?

성균관 웹사이트에서는 좌포우해 대신에 '**서포동해(西脯東醢)**'로 해야 한다는 답변과 함께 가례(嘉禮)와 국조오례의(國朝五禮儀)의 진설도가 같이 올라 있다. 이들 진설도를 보면 한자 '**醢(해)**'가 선명하게 확인된다. 그러나 국립민속박물관 사이트에는 좌포우해라는 말이 예서(禮書)에 규정한 바가 없다고 하니…. 굳이 옳다, 그르다를 따질 것 없이 식혜를 올리면 좌포우혜로, 식해를 올리면 좌포우해로 쓰면 되지 않을까?

'줄탁동시'로 부화하는 병아리

사제 간의 관계가 무르익음을 나타내는 표현으로 **줄탁동시(啐啄同時)**라는 사자성어가 있다. 줄탁동시란 알 속의 병아리가 밖으로 나오기 위해 알 안에서는 병아리가 쪼고[啐] 알 밖에서는 어미 닭이 쪼는[啄] 것을 가리키는 말이다. 여기서 '알 속의 병아리가 밖으로 나오는 것'을 '**부화(孵化)한다**'라고 해야지 '**태어난다**'라고 하면 잘못이다. 태어난다는 것은 어미의 태(胎)에서 세상으로 나오는 것을 가리킨다.

'유정란을 통해 **태어난** 일개미는 두 쌍의 염색체를 갖고 **태어나며** 무정란에서는 한 쌍의 염색체만 가진 수개미가 **태어난다**.' 인터넷에서 검색되는 언론 기사 중에서 뽑아 온 문장이다. 틀렸다. 개미는 알에서 '태어나는' 곤충이 아니라 알에서 '부화하는' 곤충이다.

특이한 경우도 있기는 하다. 단공류로 분류되는 오리너구리나 바늘두더지 같은 동물은 알을 낳는다. 그리고 알에서 부화하긴 하지만 어미의 젖을 먹고 자란다고 한다. 포유류가 부화하는 경우이다. 모든 동물은 **태에서 태어나거나 알에서 부화한다**.

본보기와 다른 뜻 '타산지석'

'담이 결리다'라고 해야 할 것을 '담에 걸렸다'라고 하면 자칫 엄청난 오해를 부를 수 있다. '담에 걸렸다'고 하면 '매독(梅毒)에 걸렸다'는 의미로 해석되기도 하기 때문이다.

'일본은 **반면교사(反面教師)**가 아니라 **타산지석(他山之石)**이다.' 한 국내 증권사의 리포트를 언론에서 받아 기사화하면서 이런 어처구니없는 표현이 공개된 것이다. 타산지석은 '다른 산의 나쁜 돌이라도 자기 산의 옥돌을 가는 데 쓸 수 있다'라는 뜻이고 반면교사는 '부정적인 면에서 얻는 깨달음이나 가르침을 주는 대상을 이르는 말'이다. 반면교사와 타산지석은 사실상 같은 의미이다.

국내 IT기업이 중국 경쟁사의 추격을 뿌리치기 위해서는 부활하는 일본 IT기업의 과감한 전략을 배워야 한다는 것이 기사 내용이었다. 그렇다면 '일본은 **반면교사**가 아니라 **타산지석**이다' 대신에 '일본은 **타산지석**이 아니라 **본보기**이다' 또는 '일본은 반면교사가 아니라 **표상(表象)**이다' 등으로 표현해야 옳았을 것이다.

맛있는 우리말

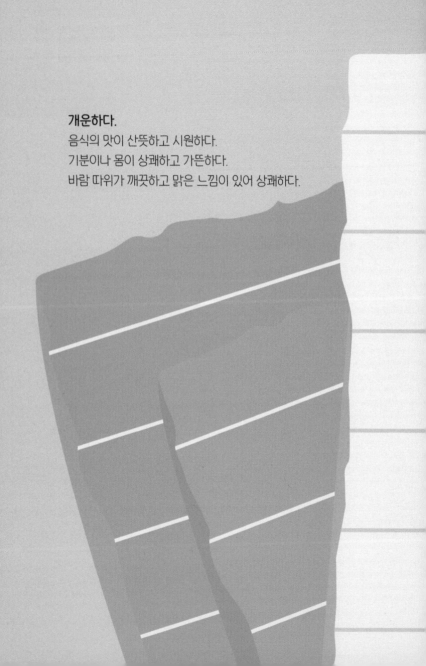

개운하다.
음식의 맛이 산뜻하고 시원하다.
기분이나 몸이 상쾌하고 가뜬하다.
바람 따위가 깨끗하고 맑은 느낌이 있어 상쾌하다.

VII. 개운한 우리말

맛 있 는
우 리 말

문장 한통치기 '4-5-6-7-8'

필자에게는 10년 가까이 곁에서 힘이 되어주는 훌륭한 제자가 있다. 그 오랜 기간 강의마다 변함없이 참석해 꾸준히 함께하고 있는 그분에게 언제까지 배울 거냐고 물었다. 그분의 대답은 단 한마디였다. "끝까지 갑니다."

지금도 가끔 이야기하는 그분의 첫 인연은 '**4-5-6-7-8**'이었다. 문장을 이해하기 위해 **4형태, 5종류, 6형식, 7성분, 8구조**로 분류한 자료였다. 사실 강의 자료로 사용할 목적이 아니라 필자 스스로 문법을 구조적으로 습득하기 위해 만든 학습용 자료였다. 모두 30개 요소를 머릿속에 간직할 수 있어서 잘 알아두면 유용할 것이다.

문장의 **4형태**는 '능동형과 피동형, 주동형과 사동형'이다. **5종류**는 '평서형, 의문형, 감탄형, 명령형, 청유형'이다. **6형식**은 서술어가 '자동사, 타동사, 되다, 형용사, 이다, 아니다'이다. **7성분**은 '주어, 서술어, 목적어, 보어, 관형어, 부사어, 독립어'이다. **8구조**는 '단문(1), 등위·종속 접속문(2), 명사절·관형절·부사절·서술절·인용절 내포문(5)'이다.

'교열'과 '윤문' 이해

고려 초에는 잘못된 글자를 칼로 긁고 고치는 일을 하는 관리로 **기관(記官)**이 있었고 이후 고려와 조선에 걸쳐 문서의 교정을 맡아보던 **부정자(副正字)**라는 관리가 있었다. 현재는 딱히 교열 전문직으로 분류되는 국가공무원은 없는 것으로 알고 있다.

교열이란 크게 두 가지로 구분된다. 먼저 오탈자, 비문법 표현, 비문법 문장, 내용 진위는 반드시 교열해야 하는 대상이다. 이를 놓치면 '교열 사고'에 해당한다. 그다음 윤문이나 개작은 의뢰자의 요청에 따라 진행되지만 엄밀히 말해 교열 범주에 넣기는 애매한 부분이다. 교열은 영어로 '**프루프리딩(proofreading)**', 윤문이나 개작은 '**에디팅(editing)**'에 해당한다고 봐도 무방하다.

교열이 쉽지 않다는 것은 '정답'이 없고 '모범 답안'만 있기 때문이다. 집필 의도 등 필자의 주관성을 무시하고 함부로 문장을 윤문하다 보면 필자의 글이 교열사의 글로 둔갑하게 된다. '**과잉 교열**'이다. 교열의 적정 범위나 수준 설정 또한 교열이 쉽지 않은 이유 중 하나이다.

문서 교열에 유용한 '단축키'

핫키(hot key)로도 불리는 **단축키(短縮key)**는 이(異)문자 합성어로 글을 작성하거나 교열, 편집할 때 말 그대로 시간을 단축하는 데 꼭 필요한 수단이다. 문서 작성 프로그램을 열고 메뉴에서 일일이 필요한 기능을 찾아 적용하게 되면 시간 낭비가 심하다.

최근 필자도 교열 작업을 진행하면서 요긴하게 사용하는 단축키가 참 많다. 그래서 누구보다 빠르게 교열 작업을 진행하고 있다. 교열 작업을 진행할 때 일상적으로 익숙하게 사용하는 단축키가 많지만 한정된 지면을 고려해 두 가지 기능만 공유하려고 한다.

먼저 아래아 한글 프로그램의 'Shift+Alt+W/N'이다. 문장 길이를 줄이거나 늘릴 때 이 키가 제격이다. 문장 길이를 늘릴 때는 'Shift+Alt+W', 줄일 때는 'Shift+Alt+N'이다. 그다음은 키보드 왼쪽 아래쪽에 있는 'Window 로고 키'이다. 'Ctrl+C'로 복사한 다음 'Window 로고 키+V'를 활용하면 카피한 단어를 클립보드에 축적해 두고 골라 붙일 수 있다는 장점이 있다.

'더 이상'과 '필요로 하다'

네덜란드에서는 어차피 일어날 일이라면 금지하지 않고 통제하는 게 낫다는 개념에 따른 정책이 있는데 이를 '**헤도헌** (gedogen, 눈감아 주다)'이라 한다. '그 문제의 해법을 **더 이상 필요로 하지 않는다**'라는 표현이 통용되게 내버려 둔다면 '헤도헌'과 다름없다.

'**더 이상**'의 '**더**'는 부사이기에 명사인 '**이상**'을 꾸밀 수 없을뿐더러 '더'가 '이상'의 기준이 되는 '수량이나 정도'에 해당한다고 보기도 어렵다. '더 이상'이 아니라 '더' 또는 '더는'으로 써야 우리말다운 표현이 될 것이다. '더 이하'라는 표현은 더 이상하지 않은가!

'**필요로 하다**'는 구문 '**-로 하다**'가 뜻하는 '만들다, 방향으로 두다, 정하다'에 해당하지 않는다. '동물에게 먹이가 필요하다'를 '동물은 먹이를 필요로 한다'로 쓸 수 있다면 '동물은 먹이를 중요로 한다'도 허용돼야 할 것이다. '그 문제의 해법을 더 이상 필요로 하지 않는다'는 '**그 문제의 해법이 더는 필요하지 않다**'로 고쳐 써야 바람직한 표현이다.

된장찌개로 익히는 '사이시옷'

'**된장**에 **MSG** 넣고 **센 불**에 **한 6분** 끓인다.'

강의실에서 필자만의 된장찌개 레시피를 소개한다. 그러고 "맛있을까요?"라고 물으면 "당연하죠."라고 답한다. 음식에 조미료로 알려진 MSG(글루탐산나트륨)만 넣으면 다 맛있다고 한다. 사이시옷 규칙을 단번에 익히는 데 도움이 되지 않을까 해서 필자가 나름대로 조합해 만든 도구이다.

① **된**: 된소리나 니은(ㄴ)소리가 덧나면 사이시옷이 쓰인다. ② **MSG**: 쥐(mouse), 양(sheep), 염소(goat) 앞에만 접두사를 '숫'으로 적는다. ③ **센**: 센소리(된소리+거센소리) 앞에는 사이시옷이 쓰이지 않는다. ④ **한**: 한자어 사이에는 사이시옷이 쓰이지 않는다. ⑤ **6**: 한자어 사이에도 사이시옷이 쓰이는 예외가 6가지 있다.

이 다섯 가지 규칙 예를 차례로 들면 ①배+고동[배꼬동]→**뱃고동**, 배+일[밴닐]→**뱃일** ②수+쥐[수쮜]→**숫쥐**, 수+양[순냥]→**숫양**, 수+염소[순념소]→**숫염소** ③뒤+풀이→**뒤풀이**(뒷풀이×), 뒤+뜰→**뒤뜰**(뒷뜰×) ④대(代)+가(價)[대까]→**대가** ⑤세(貰)+방(房)[세빵]→**셋방** 등이다.

'등'과 '등등'의 이해

'기타 유사한 것' 또는 '등'의 의미로 쓰이는 'etc.'는 라틴어 'et cetera'를 줄인 말이다. 우리말에서는 '등' 또는 '등등'이라는 의존명사로 쓰인다. 그런데 '등'과 '등등'은 같은 의미로 쓰이기에 굳이 '등등'을 써야 할 이유는 없다. '등'만으로도 충분하다.

'서울, 부산 등 대도시'에서 '등'은 '그 밖에도 **더 있음**을 나타내는 말'로 쓰였다. '등'은 이와 다른 의미로도 쓰이는 경우가 있다. '**더 있음**'이 아니라 '**한정함**'을 뜻하는 표현이다. 가령 '학생, 교사, 학부모 **등** 12명'과 '학생, 교사, 학부모 12명'은 가려 쓸 필요가 있다.

'학생, 교사, 학부모 **등** 12명'은 '학생+교사+학부모=12명'이란 한정적 표현이다. 그러나 '학생, 교사, 학부모 12명'은 물론 '학생+교사+학부모=12명'으로 이해할 수도 있지만 '학부모만 12명'으로 오해할 수 있는 중의성 표현이다. 이때 학생과 교사, 학부모 외에 더 있음을 나타내는 의미가 아니지만 '등'을 넣으면 단의성 표현이 된다.

세 가지 규칙 '따이거'

호랑이는 '타이거', 수사자와 암호랑이 사이의 혼종은 '라이거'이고 수호랑이와 암사자 사이의 혼종은 '타이곤'이다. 이 혼종이란 말이 영어로는 **하이브리드(hybrid)**이다. 이 하이브리드는 오늘날 자동차에서 전기와 기름을 번갈아 동력원으로 사용할 수 있는 장치를 가리키는 용어로도 쓰인다.

우리말 문법에서 '**활용**'이라는 용어는 용언이나 서술격조사(이다)의 어간에 어미가 붙어 **시제**(과거, 현재, 미래)나 **서법**(평서법, 의문법, 명령법, 청유법, 감탄법) 등을 나타내는 현상을 가리킨다. 그중에서 특히 어간에 '**으(ㅡ)**'가 들어 있는 용언이 활용될 때 헷갈리는 경우가 몇 가지 있다.

예를 들면 '**따르다**'는 '**따라서**'처럼 활용되면서 '**으탈락**' 현상을 보인다. '**이르다**(도달하다)'는 '**이르러**'처럼 활용되면서 '**러불규칙**' 현상을 보인다. '**거르다**'는 '**걸러**'처럼 활용되면서 '**르불규칙**' 현상을 보인다. 따르다와 이르다, 거르다의 첫 글자를 모아 타이거가 아니라 '**따이거**'로 기억하면 절대로 헷갈리지 않는다.

부정 표현 '못 먹다'와 '먹지 못하다'

'부정의 부정은 긍정이다. 긍정의 긍정은 부정이다.'

이 두 가지 논리가 우리말에도 통할까? 전자는 '안 아프지 않다'처럼 쉽게 예를 들 수 있지만 후자는 사실상 불가능하다. 아프다고 엄살 부리는 아이에게 "아파도 엄청 아프겠네(아프지 않겠네)." 정도가 가능할지도 모르겠다.

부정 표현은 구문의 길이에 따라 2가지로 구분된다. 긴 부정과 짧은 부정이다. 부정부사 '안'을 사용하는 '안 먹다'는 **짧은 부정**, 보조용언 구문 '-지 않다'를 사용하는 '먹지 않다'는 **긴 부정**이다. 그리고 성격에 따라 3가지로 구분된다. '안 먹다'는 **의지 부정**, '못 먹다'는 **능력 부정**, '안 밝다, 밝지 않다'는 **상태 부정**이다.

특히 글을 쓸 때는 경우에 따라 긴 부정과 짧은 부정을 가려 써야 어색하지 않고 자연스러운 부정문이 된다. '왜 이 꽃은 **안 아름다울까?**'보다 '왜 이 꽃은 **아름답지 않을까?**'가 더 자연스러운 것은 음절이 비교적 긴 용언은 짧은 부정문보다 긴 부정문이 훨씬 더 어울리기 때문이다.

'안 맞다'는 '맞다'의 반대말이 아니다

반의어 또는 **반대말**은 뜻이 서로 정반대되는 관계에 있는 말을 가리키는데 **상대어**라고도 한다. 국어사전은 반의어를 정의하면서 '한 쌍의 말 사이에 서로 공통되는 의미 요소가 있으면서 동시에 서로 다른 한 개의 의미 요소가 있어야 한다'는 조건을 제시한다. 그러나 모든 단어의 반대말을 밝힌다는 것은 사실상 불가능하다.

'틀리다'가 '맞다'의 반의어이지만 '안 맞다'와 '맞지 않다'는 '맞다'의 반의어가 아니라 **부정어**이다. '살다'의 반의어는 '죽다'이고 부정어는 '안 죽다'와 '죽지 않다'이다. 경우에 따라 부정어 표현보다는 반의어 표현이 훨씬 간결할 수 있다. 가령 '돈이 **있나 있지 않나**' 하는 부정어 표현보다는 '돈이 **있나 없나**' 하는 반의어 표현이 훨씬 간결하고 바람직하다.

그리고 반의어는 정확하게 표현하는 것이 바람직하다. '**크다**'의 반의어는 '**작다**'이고 '**많다**'의 반의어는 '**적다**'이다. '**높아지다**'의 반의어는 '**낮아지다**'이고 '**증가하다**'의 반의어는 '**감소하다**'이다. 이들 표현을 혼동해 쓰면 어색한 경우가 많다.

'리을(ㄹ)'의 특징 '수줍음'과 '우애'

우리말에서 유음은 **리을(ㄹ)**이 대표적이다. 이 리을은 좀 변덕스럽다. 경우에 따라 변하기도 하고, 피하기도 하며, 자리를 고수하기도 한다. 어찌 보면 재미있는 자음이다.

먼저 리을은 수줍음이 많아 앞서기를 꺼린다. 바로 **두음법칙**이다. 두음법칙이란 단어의 첫머리에 발음되는 것을 꺼리는 현상이다. 리을이 이에 해당한다. '력사(歷史)→**역사**', '로인(老人)→**노인**'처럼 리을은 다른 음소로 변한다.

그다음 리을은 부끄러움이 많아 '**서방님 앞(ㅅ/ㅂ/ㄴ/오)**'에서는 도망간다. 뒤따르는 음운이나 음절이 'ㅅ, ㅂ, ㄴ, 오'이면 탈락한다는 말이다. 김수철의 노래 〈젊은 그대〉는 '**거치른** 벌판으로 달려가자'로 시작된다. 이 규칙에 따르면 '**거친** 벌판으로 달려가자'여야 한다. '거칠+ㄴ'으로 조합되기에 그렇다.

마지막으로 리을은 우애가 많은 자음이다. 받침에서 동생(미음)이 오면 '힘들다→**힘듦**', '만들다→**만듦**'처럼 미음(ㅁ)을 내치지 않고 동거(?)하기도 한다.

독자를 편안하게 '자연스러운 표현'

부드럽게 쓰기 위해 다음 두 표현을 비교해 보자.

① 데이터**의 효율적 활용을** 위해
② 데이터**를 효율적으로 활용하기** 위해

누가 봐도 예문 ①보다 예문 ②가 자연스러운 표현이다. 동사 '**위하다**'의 활용형 '위하여' 또는 준말 '위해'의 목적어는 보통 2 가지 유형으로 쓰인다. '**나라를 위해**'처럼 '체언+을/를 위해' 그리고 '**살기 위해**'처럼 '용언의 어간+기 위해'로 구분해 쓰인다.

'공부, 일, 용서, 계약'처럼 접사 '-하다'가 붙어 자연스럽게 용언으로 변하는 서술성 명사가 포함된 명사구인 경우 '-을/를 위해' 구문은 예문 ①처럼 어색하다. '활용을→활용하기'로 정리하면 자연스러운 표현이 된다. 아래 예문도 비교하면서 살펴보자.

③ 디지털 전환**에 대한 효과적인 대응을** 위해 → 디지털 전환**을 효과적으로 대응하기** 위해

④ 기반사업**의 효율적 운영을** 위해 → 기반사업**을 효율적으로 운영하기** 위해

한 '쌍'과 한 '짝'

페이스북에 누군가가 이런 질문을 남겼다.

"이발소나 미용실에서 사용하는 가위를 나타내는 단위는 무엇입니까? 영문으로는 'A pair of scissors'라 하는데, 우리말로는 '쌍', '자루', '개' 중 어느 걸로 나타내면 좋을까요?" 이 질문에 가위는 '개'로 쓰는 게 좋겠다는 답을 드렸다.

영어에서는 scissors(가위) 외에도 복수 형태로 쓰이는 단어가 많이 있다. 예를 들면 parents(부모), pants(바지), shoes(신발) 등이다. 그러나 우리말은 '바짓가랑이'가 두 개이고 가위는 '가윗날'이 두 개라 해서 '바지 한 쌍', '가위 한 쌍'이라 쓰지는 않는다. '바지 한 벌', '가위 한 개'로 쓰면 된다.

한자어 '쌍(雙)'의 고유어 '짝'은 명사이면 '신발 한 짝'이나 '양말 한 짝'처럼 쌍과 같은 의미로 쓰인다. 그러나 '짝'이 접두사이면 '어울리지 않는 쌍'이란 뜻으로 쓰인다. 한쪽 색깔이나 모양이 반대쪽과 다른 신발이나 양말을 신었을 경우 '짝신을 신었다'나 '짝양말을 신었다'로 표현한다.

아 해 다르고 어 해 다르다

마음에서 생각이 나오고 생각에서 말이 나오며 말로써 글을 이룬다. 말을 잘한다고 해서 반드시 글을 잘 쓰는 것도 아니고 생각이 깊다고 해서 반드시 글이 깊어지는 것도 아니다. 그러나 말이 거친 사람이 글을 부드럽게 쓰기는 어렵고 생각이 얕은 사람이 깊은 글을 쓰기는 더욱 어렵다.

다양한 글을 살피고 수정하며 다듬는 사람이라면 글에서 나타나는 필자의 생각 정도는 어느 정도 파악된다. 무엇보다 머리로만 쓴 글인지 마음에서 우러나 쓴 글인지 감이 잡힌다. 말 습관을 잘 들이기를 권한다. "만족한 고객은 3명에게 이야기하지만 성난 고객은 3,000명에게 이야기한다."라는 피트 블랙쇼의 말은 상기할 만하다.

'아 해 다르고 어 해 다르다.' 해라(should), 마라(shouldn't) 같은 **명령형**보다는 하자(let's), 말자(let's not) 같은 **청유형** 말 습관을 권한다. 배려가 담긴 말 습관을 들이자는 것이다. 그다음 **복문**보다는 **단문**으로 묻거나 답하는 말 습관을 권한다. 그래야 간결한 글도 가능하니까.

'글말'보다 '입말'이 우선

언어(言語)란 생각, 느낌 따위를 나타내거나 전달하는 데 쓰는 음성, 문자 따위의 수단을 가리킨다. **음성**으로 나타내는 말을 **입말** 또는 **구어(口語)**, **음성언어(音聲言語)**라 하고 **글**로 나타내는 말을 **글말** 또는 **문어(文語)**, **문자언어(文字言語)**라 한다.

몇 가지 입말과 글말을 비교해 본다. 글말에 쓰이는 조사 '**와/과**'가 입말에서는 '**하고, 랑**' 등으로, '**에게**'는 '**한테, 더러, 보고**'로, '**을**'은 '**을랑**' 등으로 쓰인다. 어미 '**-기에**'는 '**-길래**'로, '**-냐**'는 '**-남**'으로 쓰인다. 명사 '**버릇**'은 '**버르장머리**'로, '**것**'은 '**거**'로, '**무엇**'은 '**머**'로 쓰이기도 한다. 또 관형사 '**무슨**'은 '**뭔**'으로 쓰인다.

다만 '**싶다**'는 입말에서만 쓰이고 '**및**'은 글말에서만 쓰인다. 동사 '**사료되다**'나 부사 '**고로(그러므로)**'도 글말에서만 쓰인다. 그러나 글말에 쓰이는 **아등(나), 여등(우리), 열위(너희), 하시(언제), 하처(어디)** 같은 대명사는 글말에서도 이젠 찾아보기 힘들다. 입말과 글말이 완전히 다르거나 서로 충돌이 일어난다면 입말이 우선이다.

'종교용어' 유감

세례(洗禮)는 성찬(聖餐)과 함께 개신교에서는 중요한 **성례(聖禮)** 중 하나이다. 가톨릭에서는 7성사(七聖事) 중 한 가지에 속한다. 이들 종교의 신자라면 '계란 세례', '돌멩이 세례'처럼 쓰이는 경우를 반길 리가 없다. '주먹세례', '몽둥이세례'가 표준국어대사전 표제어로 등재돼 있다고 해도 말이다.

오래전 가톨릭에서 협조 문서를 각 언론사에 보내 종교적 목적 외에는 사용을 만류한 **'고해성사(告解聖事)'**도 그렇다. 고해성사는 신자가 죄를 뉘우치고 신부에게 고백함으로써 신에게 용서받는 성스러운 행위이다. 따라서 '정치인의 고해성사', '부당한 검사의 고해성사'처럼 쓰이는 경우를 가톨릭 신자는 결코 좋아하지 않을 것이다.

불교 의식에서 염불할 때 외는 **'나무아미타불'**은 감탄사로 분류된다. 그러나 표준국어대사전에는 '공들인 일이 헛일이 됨'이라는 추가 뜻풀이도 제공한다. 그래서 나온 "십년공부 나무아미타불/도로 아미타불" 같은 속담 또한 자제할 필요가 있다. 성스러운 말은 성스러운 곳으로 돌려보내야 하지 않을까.

'중의성' 표현은 '단의성' 표현으로

"후난(湖南) 사람은 매운 것을 두려워하지 않고[不怕辣], 구이저우(貴州) 사람은 매워도 겁내지 않으며[辣不怕], 쓰촨(四川) 사람은 맵지 않을까 봐 두려워한다[怕不辣]."

중국 속담이다. 중국어는 고립어에 해당하므로 위치에 따라 품사가 정해진다. '부(不: 아니다)'와 '파(怕: 두렵다)', '라(辣: 맵다)'도 글자별로 위치가 바뀌면서 품사나 의미가 달라진 것이다.

우리말에서는 특정 성분을 강조하기 위해 위치를 바꾸는 경향이 있긴 해도 의미나 품사가 달라지는 경우는 거의 없다. 꾸미는 말은 꾸밈 받는 말 바로 앞에 위치해야 오해를 피할 수 있다. 그렇게 하지 않으면 이해가 애매한 중의성 문장이 되기 때문이다.

'①국내산 100% 민물장어'와 '②100% 국내산 민물장어'를 비교해 보면 ①은 '진짜 민물장어'라는 의미이지만 ②는 '진짜 국내산'이라는 꾸밈이 강하고 '진짜 민물장어', '진짜 국내산 민물장어'도 가능하기에 중의성을 띤다. 만일 국내산을 강조한다면 '100% 국내산인 민물장어'처럼 쓰면 된다.

'평등'한 세상과 '공평'한 세상

필자는 아내가 지체장애인이다 보니 아내보다 집안일을 더 많이 해야 하고 특히 힘을 써야 하는 일은 도맡아 해야 한다. 세상 여자 모두 다시 태어날 때 지금의 남편을 선택하지 않는다 해도 아내는 아닐 것이라고 믿었다. 그런데 아내의 대답은 "나도 당신 안 만나."였다. '이게 뭐지?' 하는 마음을 정리하기도 전에 "당신을 다시 힘들게 하지 말아야지"라는 대답이 필자의 가슴을 치고 들어왔다.

대부분의 장애인은 비장애인에게 미안해하는 마음으로 살아간다. 장애인에게는 평등(equality)한 대우가 아니라 신체적 아픔을 배려하는 공평(equity)한 대우가 필요하다. 같은 높이의 의자가 아니라 더 높은 의자에 올라 담 너머를 함께 바라볼 수 있게 해야 한다.

은연중에 쓰이는 표현이 장애인을 비하하는 경우가 많다. '꿀 먹은 벙어리', '장님 문고리 잡듯' 같은 관용적 표현이다. 또 '절름발이 행정'이나 '파행(跛行)'이란 표현도 마찬가지이다. '파행'은 '절름발이 걸음'이기에 그렇다. 언어 표현도 인격의 요소이다.

맛있는 우리말

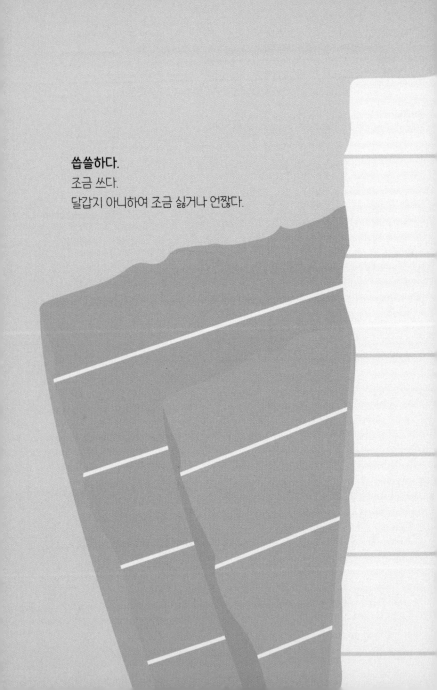

씁쓸하다.
조금 쓰다.
달갑지 아니하여 조금 싫거나 언짢다.

Ⅷ. 씁쓸한 들온말

'그라포포비아'가 '그라포필리아'로

도표로 번역되는 영어 그래프(graph)는 그리스어 '그라포'에서 유래했다. 그라포에는 '그리다'라는 뜻과 '쓰다'라는 뜻이 함께 담겨 있다. 아마도 고대에는 그리는 것과 쓰는 것을 딱히 구분하지 않았던 것으로 보인다. 그리스어 그라포($\gamma\rho\alpha\varphi o$)에 '공포'를 뜻하는 '포보스($\varphi o\beta o\varsigma$)'가 결합되면 **그라포포비아($\gamma\rho\alpha\varphi o\varphi o\beta\iota\alpha$)**'로 '글쓰기공포증'이 된다.

그라포에 '광기' 또는 '미친 열정'이란 의미의 '마니아($\mu\alpha\nu\iota\alpha$)'가 결합되면 **그라포마니아($\gamma\rho\alpha\varphi o\mu\alpha\nu\iota\alpha$)**'로 부정적인 의미의 '글쓰기광'이 된다. 요즘에야 '마니아'가 '열중'이나 '집중'이란 긍정적인 의미로 쓰이기도 하지만 원래 의미로 보면 결코 좋게 쓰인 단어는 아니다.

그라포에 '사랑'을 뜻하는 '필리아($\varphi\iota\lambda\iota\alpha$)'가 결합되면 **그라포필리아($\gamma\rho\alpha\varphi o\varphi\iota\lambda\iota\alpha$)**'로 '글쓰기 사랑'이 된다. 물론 필리아가 '네크로필리아(시신애착증)'처럼 쓰이기도 하지만 로고필리아(단어 사랑)처럼 긍정적인 의미로도 많이 쓰인다. '그라포는 필리아로 접근해야 한다!'

금각사(金閣寺), 은각사(銀閣寺) 모두 '긴카쿠지'?

베트남에는 'Nguyên'이란 성(姓)이 있다. 이전에는 '구엔'으로 썼으나 2004년 이후부터는 '**응우옌**'으로 표기한다. 직접 베트남인을 만나 발음을 들어봤더니 '구엔'도, '응우옌'도 확실히 아니었다. 비음이 섞인 '우웽' 또는 '웽'으로 들렸다.

《내 이름은 칸(My name is Khan)》이라는 제목의 영화에서는 누가 주인공의 이름 'Khan'을 '칸'이라고 발음하면 주인공은 '크한'이라고 반복해 수정하는 장면이 나온다. 외래어 표기 용례에 따르면 튀르키예어(크한) 외에는 모두 '칸'이다.

일본 교토에는 유명한 사찰이 두 곳 있다. **금각사(金閣寺, きんかくじ)**와 **은각사(銀閣寺, ぎんかくじ)**이다. 일본어로 발음하면 금각사는 '**킨카쿠지**'이고 은각사는 '**긴카쿠지**'로 구별된다. 그런데 표기법에 따라 금각사도 '긴카쿠지'처럼 초음을 평음으로 적어야 한다는 데 문제가 있다. 물론 한자를 병기하기에 문제가 되지 않는다는 주장도 있긴 하다. 이처럼 외래어를 현행 표기법에 따라 적으면 여러 가지 문제를 동반한다는 것은 분명하다.

기시감 '데자뷔'와 미시감 '자메뷔'

영국의 어느 대학 연구진이 실험 대상자 21명에게 bed, pillow, night, dream을 차례로 말했다. 'S'로 시작하는 단어를 들었는지 묻자 모두가 '아니요'라고 답했다. 그런데 'sleep'이라는 단어를 들었는지 묻자 모두가 '예'라고 답했다. 분명히 듣지 않았음에도 '들었다'는 오류가 기억에 삽입된 것이다. 바로 집단 **기시감(旣視感)**을 겪은 순간이었다.

기시감이란 한 번도 경험한 일이 없는 상황이나 장면이 언제, 어디에선가 이미 경험한 것처럼 친숙하게 느껴지는 일종의 기억 오류를 가리키는 말이다. 프랑스어 **데자뷔(déjà vu)**가 더 익숙하게 쓰인다. 데자부, 데자뷰로 쓰는 이도 있지만 '데자뷔'를 표준어로 인정하고 있다.

필자의 어머니는 수년간 치매로 지내시다 돌아가셨다. 치매 증상이 깊어지면서 어머니에게는 아들 부부 외에는 그렇게 친숙했던 모두가 낯선 사람이었다. 처음 보는 것으로 느끼는 어머니의 기억 오류, 이는 일종의 **미시감(未視感)**, '**자메뷔(Jamais vu)**' 현상이 아니었을까 싶다.

'딜레마'에서 '멀티레마'까지

몹시 추운 날 고슴도치 두 마리가 서로를 껴안고 체온을 유지하려고 했다. 그런데 몸에 난 가시가 서로의 몸을 찌른다. 가만있자니 얼어 죽을 것 같고, 서로 껴안고 있자니 가시에 찔려 죽을 것 같다. 유명한 쇼펜하우어의 '**고슴도치 딜레마**'이다. 이처럼 '**딜레마(dilemma)**'란 두 가지 중 어느 것을 선택하든 바람직한 결과를 기대하기 힘든 곤란한 상황을 가리키는 말이다.

고대 이스라엘의 왕이었던 다윗은 신에게 잘못을 저지르고 용서를 구하자 신은 세 가지 선택권을 부여한다. 그 세 가지는 '7년간 흉년', '3개월간 쫓겨 도망', '3일간의 전염병'이다. 다윗은 그중 기간이 가장 짧은 '3일간의 전염병'을 선택했고, 백성 중 7만 명이 죽은 끔찍한 벌을 받았다. 이런 경우는 '**트릴레마(trilemma)**'에 해당한다.

이보다 더 심한 경우는 네 가지인 '**쿼드릴레마(quadrilemma)**', 다섯 가지인 '**펜탈레마(pentalemma)**'가 있다. 따지고 보면 인생 자체가 '**멀티레마(multilemma)**'가 아닐까?

'차일드 락', '라커', '락밴드'?

국립국어원에서 고시한 외래어표기법에 따라 교열한 파일을 전송한 뒤 의뢰처에서 공개한 문서를 확인해 보면 가끔은 처음 원고대로 환원한 경우를 보게 된다. 그 정도는 씁쓸한 일도 아니다. 외래어이기 때문이다. 필자가 가끔 언급하는 '옳음'과 '바름'의 차이에 지나지 않기 때문이다. 필자가 '바름'으로 수정했다면 의뢰인은 '옳음'을 지향한 그 이상도 이하도 아니라고 판단한다.

대표적인 몇 가지를 든다면 '**차일드 락, 락커, 런칭, 락밴드, 온더락**' 같은 '로, 라, 러'류의 표현이다. 이를 '**차일드 록, 로커, 론칭, 록밴드, 온더록스**'로 바르게 고쳐 보내면 대부분 원래 표현으로 환원하는 경우가 많다.

뒷좌석에 앉은 아이가 안에서 문이나 창문을 열지 못하게 하는 안전잠금장치는 '**차일드 록**'이고, 옷이나 소유물을 넣어 두는 서랍은 '**로커**'이며, 신제품을 시판하기 전에 선보이는 행사는 '**론칭**'이다. 또 록 음악을 하는 그룹은 '**록밴드**'이고 얼음을 넣은 유리잔에 주류를 넣어 마시는 방법은 '**온더록스**'이다.

엘(L)은 '르르'로 표기해야

강의할 때마다 '-을'로 끝나는 두 음절 단어 5개를 들어 보라는 퀴즈를 즐겨 낸다. 가을, 고을, 노을, 마을까지는 그런대로 대답을 잘하는 편이지만 '리을'을 바로 내놓은 사람은 드물었다. 이제 다음에 나열하는 단어를 살펴보자.

'가롱, 그리세린, 나이롱, 로얄제리, 메론, 무랑루즈, 부르스, 빠레트, 아랑 드롱, 우담바라, 팜프렛, 프랑카드'

이들 단어의 공통된 특징은 죄다 받침 리을(ㄹ)이 하나씩 다 빠졌다. 어쩌다 이렇게 리을이 빠진 표기가 많을까? 일본을 통해 들어오면서 일본어 영향을 받은 현상이라고들 하지만 무조건 그렇게 치부할 수만은 없다. 어쨌든 바른 표기는 이렇다.

'갤런, 글리세린, 나일론, 로열젤리, 멜론, 물랑루주, 블루스, 팔레트, 알랭 들롱, 우담발라, 팸플릿, 플래카드'

'그까짓 편하게 쓰면 되지 뭐 그리 골치 아프게…'라는 이들도 있지만 어휘를 규정에 맞게 쓰는 것도 **문격(文格)**에 해당한다.

마르틴 '루터'와 마틴 '루서' 킹

2012년 타계한 호주 출신 응용언어학자의 이름은 'Ruth Wajnryb'이다. 그의 성 'Wajnryb'을 한글로 표기하면 '와인립'일까, '완립'일까? 어느 학회에서 회원들에게 이 질문을 던졌더니 대답은 반반이었다. 구글에서 검색하면 상단에 '와인립'이라는 표기가 뜨기는 한다. 이처럼 외국인의 인명을 한글로 바르게 표기하기란 쉽지 않다.

이름의 발음을 확인할 수 있는 전문 웹사이트에서 직접 확인해 봤다. 거기서는 '완립[wahnrib]'으로 제시했다. 앞으로 'Ruth Wajnryb'의 대표 저서가 한국어로 번역된다면 저자의 이름은 '**루스 완립**'으로 표기하기를 기대한다.

서울의 '루터회관' 앞에는 '**말틴 루터(Martin Luther)**'라고 새겨진 동상이 있다. '**마르틴 루터**'가 바른 표기이겠지만 외래어표기법이 1986년에 확정된 점을 고려한다면 굳이 '오류'라고 치부할 이유는 없다. 한편 미국인 인권운동가였던 동명이인 '**Martin Luther King**'의 한글 표기는 '**마틴 루서 킹**'이다.

'베이비부머', '베이비붐세대'

1955년부터 1963년에 태어난 세대를 **베이비붐세대**라고 부른다. 베이비붐세대는 왜 '**베이비붐**'이라는 말을 사용하는지 다 안다. '아들 딸 구별 말고 둘만 낳아 잘 기르자!', '둘도 많다 하나만 낳자!'라는 구호가 그 당시 상황을 잘 드러내기 때문이다.

베이비붐세대를 **베이비부머**라고도 한다. 또 '베이비부머세대'라는 표현도 종종 발견되는데 이는 바람직하지 않은 겹말 표현이다. 이와 비슷하게 겹말 표현으로 쓰는 다른 단어도 글에서 몇몇 눈에 띄기에 구분해 정리해 본다. 겹말은 간결한 문장을 표현하는 데 방해만 될 뿐이다.

갈거나 섞는 기계를 뜻하는 **믹서(mixer)**를 굳이 '믹서기(機)'로 쓰는 경우이다. 믹서로만 써도 기계를 나타낸다. 다른 한 가지는 컴퓨터 통신망을 뜻하는 **인터넷(Internet)**을 '인터넷망(網)'이라고 쓰는 경우이다. 인터넷만 써도 컴퓨터 통신망을 나타내는 데 문제가 없다. 코로나 이후 널리 퍼진 **라이더(rider)**를 굳이 '라이더 기사'로 쓰면 겹말이 된다. 라이더만으로 족하다.

'R'의 발음은 '알', '아르'?

2023년 1월 19일 보도자료로 발표된 국립국어원의 국어심의회 심의 결과에 따르면 그동안 '**아르**'로만 적도록 했던 영문자 '**R/r**'의 한글 표기를 앞으로는 '**알**'도 인정하기로 함으로써 복수 표기가 가능하도록 한 것이다.

지금까지 표기해 왔던 '**브이아르(VR)**', '**에이아르에스(ARS)**'는 '**브이알**', '**에이알에스**'도 가능하도록 한 것이다. 국립국어원에서는 영문자 'R/r'의 한글 표기에만 국한된 것이므로 '아르바이트(Arbeit)'나 '아르곤(argon)'을 '알바이트(×)'나 '알곤(×)'으로 쓸 수 있다는 뜻은 아니라고 덧붙였다.

이렇듯 '짜장면'과 '자장면', '로브스터'와 '랍스터'를 복수표준어로 허용한 것처럼 '아르'와 '알'의 복수 표기 허용도 국립국어원의 장단(?)에 맞춰 가야 하는 교열사의 난감한 현실을 보여주는 한 단면이다.

'아울렛', '샤브샤브', '캐피탈'도 언젠간 표준어?

가재의 일종인 'lobster'를 '로브스터'로 표기해 왔다. '바닷가재'로 다듬기도 했지만 바닷가재가 아니라 '닭새우'라는 주장이 등장하기도 했다. 그러다 '랍스터'도 표준어로 등재되면서 **랍스터**와 **로브스터** 두 가지 모두 표준어가 됐다.

랍스터 파동 다음으로 복수표준어 등재가 예상되는 외래어를 몇 가지 제시한다면 아마도 아울렛(outlet)과 캐피탈(capital), 샤브샤브(shabushabu)가 아닐까 싶다. 이들은 현재까지 **아웃렛, 캐피털, 샤부샤부**로 쓰이는 경우가 극히 적기 때문이다.

지금까지 많은 외래어가 표기법 이탈 표현으로 굳어지면서 바뀐 경우도 있다. 코피(coffee)가 **커피**로, 시스팀(system)이 **시스템**으로, 고스펠(gospel)이 **가스펠**로 바뀐 것을 예로 들 수 있다. 미국 대통령이었던 **로널드 레이건(Ronald Reagan)**은 언론에서 '리건'으로 표기하다 당선 직후 본인의 희망에 따라 '레이건'으로 표기가 바뀐 사례이다.

교열은 '옳음'보다 '바름'을 지향한다

오래전 필자가 어느 외국인과 통화하면서 난감했던 적이 있다. "I watched a film, yesterday(나 어제 영화 봤어)."라고 호기롭게 한 문장 날렸는데 상대편에서 "Watched what?"이라고 했으니, 상대 외국인이 필자가 똑똑하게 발음한 '**필름(film)**'을 알아듣지 못한 것이다. 하는 수 없이 '에프-아이-엘-엠'이라 했더니 '아, **프이염**'이란 소리가 수화기 저편에서 들렸다.

'**올바름**'은 옳고 바름을 아우르는 말이다. '옳음'은 사리에 맞음을 뜻하는 말이며 '바름'은 규범이나 사리에 맞음을 뜻하는 말이다. '옳음'의 반대말은 '그름'이며 '바름'의 반대말은 '틀림'이다.

어쩌면 '프이염'이 '옳음'이고 '필름'이 '바름'이라는 설명이 가능할 것이다. 영어를 쓰는 사람들의 진짜 발음이 옳음이라면 외래어표기법에 따른 표기는 바름일 수 있으니까. 글을 쓸 때는 바름을 지향하는 것이 바로 옳은 방법이다. 그래야 교열사의 '딸기밭(적색 펜 수정 흔적)'을 피할 수 있다.

Indian은 '인디안'? '인디언'?

'인도 사람은 치매와 치질에 걸리지 않는다?'

인도에서 교환교수로 지냈던 분의 증언(?)이다. 인도 하면 떠오르는 식품이 카레이다. 바로 이 카레 덕분에 치매를 피할 수 있다는 연구가 있다고 한다. 흔히 '왼똥오밥'이라고 하는 인도인의 문화를 안다면 치질에 걸리지 않는 이유도 짐작할 수 있을 것이다. 대변 본 후 왼손 검지와 중지를 이용해 간단하게 두어 번 처리하다 보면 일종의 항문 마사지 효과로 치질이 예방된다는 것이다.

인도인을 영어로는 'Indian'이라고 적고 한글로는 '**인디안**'으로 표기한다. 외래어를 표기할 때 어말의 '-a'는 '-아'로, '-an'은 '-안'으로 표기하기 때문이다. 그런데 콜럼버스가 아메리카 대륙을 인도로 잘못 생각한 데서 유래한 '**인디언**'도 'Indian'이다.

같은 단어를 달리 표기하게 된 이유는 바로 외래어표기법 제5항 '이미 굳어진 외래어는 관용을 존중하되…'가 그 열쇠이다. 촬영장에서는 '**컷(cut)**', 미용실에서는 '**커트(cut)**'라고 하는 경우도 이에 해당한다.

바른 접사 '정보량', '데이터양', '쓰레기양'

한국인의 입에 가장 많이 오르내리는 외래어가 '**스트레스**'라고 한다. 그러나 '데이터'와 '콘텐츠'도 만만찮다. 특히 이 같은 정보통신 용어가 많이 쓰이기는 하지만 우리말로 다듬어 쓰는 경우는 드물고 대부분이 외래어 그대로 굳어져 쓰인다. 물론 국립국어원에서 '데이터'를 '자료'로, '데이터베이스'를 '자료 뭉치'로 다듬기는 했다.

우리말에서 외래어는 사이시옷 규칙이나 두음법칙을 적용하지 않는다. 따라서 이문자(異文字) 간 결합이 이뤄질 때 비교적 자유롭기는 하다. '장미+빛'은 '장밋빛'으로 사이시옷을 첨가하지만 '에메랄드+빛'은 '에메랏듯빛'이 아닌 '에메랄드빛'으로 적는다. 또 '라디오'를 '나디오'로, '뉴욕'을 '유욕'으로 적지는 않는다.

한자어로 발음이 '량'이나 '란'인 접미사와 결합할 때도 '데이터양', '메모난'처럼 '양, 난'으로 적는다. 물론 '쓰레기양', '그림난'처럼 고유어도 '양, 난'으로 적는다. 다만 '정보량', '정보란'처럼 한자어와 결합할 때만 '량, 란'으로 적는다.

음식 이름 '주꾸미샤부샤부'

멕시코 음식인 'quesadilla'는 '퀘사딜라, 케사딜라, 퀘사디야, 케사디야, 케사디아' 등으로 다양하게 부르고 있어서 정확한 발음을 찾기가 어려웠다. 유튜브에서 발음을 찾아 들어봤다. 분명히 '케사디야'로 들렸다. 아직 규범표기는 아니지만 우리말샘에는 '케사디아'로 올라 있다.

'가쯔오부시, 그라탕, 까나페, 까페라떼, 나쵸, 뇨끼, 덴뿌라, 또띠야, 라따뚜이, 리조또, 바깔라, 브리또, 빠에야, 샤브샤브, 세꼬시, 스프, 아스파라가스, 이면수, 쭈꾸미, 캬라멜, 퀘사딜라, 크로와상, 타코야끼, 타마메시' 등 식음료 이름은 모두 규범표기가 아니다. 다음과 같이 고쳐 써야 한다.

'가쓰오부시, 그라탱, 카나페, 카페라테, 나초, 뇨키, 튀김, 토르티야, 라타투이, 리소토, 바칼라, 브리토, 파에야, 샤부샤부, 뼈째회, 수프, 아스파라거스, 임연수, 주꾸미, 캐러멜, 케사디아, 크루아상, 다코야키, 다마메시.'

생각만 해도 구미가 당기는 '쭈꾸미샤브샤브'는 '주꾸미샤부샤부'로 써야 할 것이다.

아직도 '컨퍼런스'?

어느 날 식구들이 모인 자리에서 '소스'와 '드레싱'의 차이가 뭔지 물어보았다. 안 봐도 짐작하겠지만 모두 스마트폰에서 확인하느라 부산했다. 며느리가 제일 빠르게 답을 냈다. '소스도 드레싱도 모두 소스인데 특히 뿌리는 소스를 드레싱이라 한다.'

필자는 아직도 세미나와 워크숍, 콘퍼런스의 차이점을 정확히 모른다. 사전에서 확인해 보니 **세미나**는 특정한 주제를 대상으로 학생이 모여 연구 발표나 토론을 통해서 공동으로 연구하는 교육 방법, **워크숍**은 학자나 교사의 상호 연수를 위하여 열리는 합동 연구 방식, **콘퍼런스**는 공동의 전문적인 주제를 가지고 비교적 긴 시간에 걸쳐 열리는 대규모 회의이다. 결국 세미나는 '교육', 워크숍은 '연구', 콘퍼런스는 '회의' 형식이라는 것이다.

온라인 영어사전에서 확인한 현지인의 발음은 컨퍼런스도 콘퍼런스도 아닌 '칸퍼런스'였다. 외래어표기법에 따르면 악센트가 1음절에 있기 때문에 **'con-'**이 **'콘-'**으로 되면서 **'콘퍼런스'**가 바른 표기이다. 'com-'도 'con-'과 마찬가지로 악센트 위치의 제약을 받는다.

텀블러의 순화어 '통컵'?

2014년 국립국어원에서 음료수를 담는 '**텀블러(tumbler)**'의 한국어 순화어로 '**통컵**'을 선정했다는 기사가 떴다. 이를 접한 누리꾼의 반응은 뜨거웠다. 한마디로 '컵(cup)'은 외래어가 아니냐고….

외국어 낱말이 우리말처럼 쓰이는 경우는 크게 두 가지이다. 먼저 **가방(←kabas), 고무(←gomme), 빵(←pão), 담배(←tabaco), 건달(←Gandharva)**처럼 외국어 낱말이 전사(轉寫)되어 우리말로 굳어진 경우이다. 그다음은 **깡패(gang牌), 깡통(can桶), 급커브(急curve), 테이블보(table褓), 택시비(taxi費), 스키복(ski服), 메모광(memo狂)**처럼 외국어와 한자어가 결합돼 이문자 합성어를 이뤄 굳어진 경우이다.

컵(cub)은 전자에 해당하고 통컵(桶cup)은 후자 즉, 이(異)문자 합성어에 해당한다. 컵은 '마시는 그릇'이란 의미의 표준어이다. '잔(盞)'이나 '배(杯)'도 같은 의미이지만 언어습관에 따라 차이가 있다. '커피 한 잔'이라고 하지 '커피 한 컵'이라고 하지는 않는다.

'나라 이름'과 '수도' 표기

나라 이름을 영어 알파벳으로 적었을 때 첫 글자가 'O'인 나라는 오만(Oman)이고 'Q'는 카타르(Qatar), 'Y'는 예멘(Yemen)뿐이다. 'W'나 'X'는 없다. 한글로 표기했을 때 이름이 제일 긴 나라는 **'보스니아헤르체고비나'**와 '**세인트빈센트그레나딘**'으로 각각 10음절이다. 수도 중 이름이 가장 긴 곳은 스리랑카의 '**스리자야와르데네푸라코테(Sri Jayawardenepura Kotte)**'로 한글 12음절, 알파벳 23자이다.

또 한국에서 관습에 따라 한자음으로 표기하는 나라를 가나다순으로 적어보면 **대만, 대한민국, 독일, 미국, 북한, 영국, 인도, 일본, 중국, 태국, 호주**에다 세계에서 가장 작은 나라 '**교황청**'을 더해 모두 12개국이다.

프랑스는 불란서로 쓰지 않는다. 그러다 보니 **독일어**는 쓸 수 있어도 불어는 **프랑스어**로 고쳐 쓰인다. 그런데 두 언어를 같이 쓸 때는 '독일어와 프랑스어' 대신 '독어와 불어'로 더 많이 쓰인다. 이는 정오(正誤)의 문제가 아니라 표현의 조화로 볼 수 있다.

'카센터'를 순화하면?

"카쎈타가 아니라 카센터가 맞아요." 이때 한마디 던지는 수강생이 있었다. "교수님, 카쎈타에서는 빵꾸를 때우고 카센터에서는 펑크를 때운대요." 모두가 즐겁게 웃었다. 그런데 갑자기 카센터를 순우리말로 바꿔볼까 하는 생각이 들었다. 국립국어원에서도 순화어를 달리 제시하지는 않았다.

불현듯 이화여자대학교를 순우리말로 하면 '배꽃계집아이큰배움집'이라고 하셨던 고등학교 때 국어 선생님이 생각났다. 그래서 **카센터**를 나름대로 '**저절로 움직이는 수레 고치는 가게**'라고 적어놓고 혼자 빙긋 웃었던 기억이 있다.

어릴 때 들었던 '한도리 이빠이 꺾어'는 물론 표기법에 따르면 '핸들(handle) 잇바이(いっぱい) 꺾어!'일 것이다. 국립국어원 온라인가나다에서는 누군가의 질문에 '운전대를 최대한으로 돌려'로 제안했다. 한자어를 순우리말로 바꿔 '수레의 손잡이를 끝까지 돌려'로 바꿔 보았다. 읽어 보니 너무 멀다는 느낌이 들었다. 이렇듯 외래어나 한자어를 순우리말로 순화한다는 것은 이젠 너무 먼 일이다.

맛있는 우리말

책을 내는 이마다 다 그런지는 모르겠지만 우리말과 관련한 책을 세 번째 낼 때까지 단 한 번도 개운하다거나 보람을 느낀다거나 뿌듯하다는 감정은 온데간데없고 뭔가 잃어버린 듯한 아쉬움만 마음 한편에 덩그러니 남아 있다.

스카이데일리의 '박재역의 맛있는 우리말'을 200회로 막을 내릴 때도 그간 애독해 주신 분들께 미안한 마음만 자리하고 있었다. 더욱 체계적이고 품위 있는 글을 마련해 올렸더라면 하는 아쉬움에서 그랬다. 물론 많은 분이 읽어 주셨고, 피드백으로 격려해 주셨으며, 링크를 걸어주시거나 유튜브 해설로 재생산해 주셨음에 진심으로 감사하는 마음 앞에서는 숙연하기도 했다.

이제 책으로 출간하려니 걱정이 앞선다. 매일 언론에 공개하는 글이라 조심스러운 마음으로 자료를 챙기고 부족한 부분은 다시 공부하면서 채워 나가긴 했지만 분명히 곳곳에 숭숭 뚫린 구멍이 드러났을 것이다. 출간을 준비하며 다시 살피고 고치고 다듬긴 했다. 행여 이 책에서 문제가 있거나 오류가 있다면 그것은 무지의 소치로서 모두 필자에게 책임이 있다.

그 때문에 필자에게 가해지는 따가운 편달(鞭撻)과 날카로운 지도(指導), 따뜻한 조언(助言)을 기다릴 것이다. 어떤 질책(叱責)이든 감수할 각오도 하고 있다. 그리고 이들 모두 스승으로 삼고 그들에게 배워 갈 것이다. 말만 그렇다는 게 아니다. 이런 분들이 없으면 필자의 수준은 언제나 그 자리만 맴돌 것이 불 보듯 뻔하기 때문이다.

이 책의 필자로서 한 가지 기대가 있다면 이 책을 읽으시는 독자들이 한두 가지라도 무릎 한번 툭 치고 마음 한편에 챙기신다면 더 바랄 게 없을 것 같다. 더 많이 연구(硏究)하고 더 많이 연습(鍊習)하고 더 많이 연마(硏磨)하여 읽을 만한 수준 높은 콘텐츠를 장착한 책으로 다시 독자들을 맞이할 것을 약속드린다.

찾아보기

(ㄱ)

-(어)라 | 101

-ㄹ까 | 125

-ㄹ깝쇼 | 125

-ㄹ꼬 | 125

-ㄹ래야 | 138

-ㄹ뿐더러 | 112

-ㄹ수록 | 112

-ㄹ쏘냐(쏜가) | 125

-가(哥) | 166

-거리다 | 106

-걸요 | 125

-게요 | 125

-고요 | 124

-구먼 | 124

-구요

　→-고요 | 124

-군 | 124

-권 | 158

-년생 | 156

-느 | 142

-느니라 | 142

-는구나 | 142

-니라 | 142

-니만큼 | 109

-다고 한다 | 160

-다고 해요

　=-대요 | 127

-대요 | 127

-더니 | 128

-더라면 | 128

-데요 | 127

-되다 | 150

-들 | 174, 180

-듯 | 132

-래야 | 140

　=-라고 해야 | 140

-려야 | 138

　=-라고 하여야 | 140

-리만큼 | 109

-별 │ 174

-산(産) │ 159

-생(生) │ 159

-슴

  →-음 │ 138

-시- │ 101

-시어요 │ 101

-시키다 │ 100

-씨(氏) │ 166

-아/어 │ 110

-았었- │ 83

-어 보다 │ 110

-어 주다 │ 170

-어 하다 │ 110

-어서 │ 136

-어요 │ 127, 137

-어지다 │ 110, 150

-어하다 │ 110

-어한다 │ 160

-었- │ 83

-었었- │ 83

-에 대하여 │ 188

-에 대한 │ 188

-에요 │ 136, 137

-였었- │ 83

-예요 │ 137

-오 │ 101

-우 │ 178

-음 │ 138

-이, -히, -리, -기 │ 150

-이에요 │ 137

-중(衆) │ 174

-지 않다 │ 205

-지다 │ 110

-진(陣) │ 174

-하다 │ 100, 110

(0-9)

3인칭 │ 160

4-5-6-7-8 │ 198

4형태 │ 198

5종류 │ 198

6형식 │ 198

7성분 │ 198

7성사(七聖事) │ 212

8구조 │ 198

9988234

  →99세까지 팔팔하게 살다가 이삼 일

  앓고 죽자 │ 82

(C)

Ctrl+C │ 200

(E)

etc. | 203

(I)

Indian | 229

(K)

KISS 효과
=Keep It Simple and Short | 123

(P)

PPM(백만분율) | 54

(S)

Shift+Alt+N | 200

Shift+Alt+W | 200

Shift+Alt+W/N | 200

SNS | 147

(U)

UN
=United Nations | 97

(W)

Window 로고 키 | 200

Window 아이콘+V | 200

(ㄱ)

ㄱ, ㅅ, ㅂ | 75

가(價) | 96

가구(家口) | 28

가나 | 122

가나까지 | 122

가노조
=かのじょ, 彼女 | 148

가독성 | 123

가례(嘉禮) | 192

가마때기 | 39

가마떼기 | 39

가물 | 20

가물다 | 20

가뭃 | 20

가뭄 | 20

가방(←kabas) | 233

가슴 안 | 40

가슴안 | 40

가슴안 안 | 40

가시권 | 158

가운데 | 108

가자미눈 | 62

가지다 | 146

가친(家親) | 153

가톨릭 | 212

각 | 174

각(各) | 21

각각(各各) | 21

각국(各國) | 21

각기(各其) | 21

각론(各論) | 21

각자(各自) | 21

각종(各種) | 21

간 | 114

간두다

  =그만두다 | 97

간접인용절 | 139

간질 | 22

간질병 | 1

감자하다 | 36

감질(疳疾) | 22

감질나다 | 22

감탄사 | 23, 124, 137, 212

감탄형 | 198

갑상선

  →갑상샘 | 73

값 | 96

값비싸다 | 96

값싸다 | 96

값없다 | 96, 116

값있다 | 96, 116

값하다 | 96

갖다 줘서 | 146

같이하다 | 102

개 잡다

  =개를 잡다 | 113

개으르다 | 25

개작 | 199

개잡다

  =담배 피우다 | 113

갯펄

  →갯벌, 개펄 | 149

갱신(更新) | 24

갱의실

  갱의(更衣) | 24

거

  =것 | 72

거래선

  →거래처 | 166

거래처 | 166

거러마이

  →호주머니 | 73

거리 | 93

거센소리 | 89

거시기 | 72

거에요

  →거예요 | 72

거예요 | 72, 137

거지꼴 | 49, 88

거짓꼴 | 49, 88

건

　=것은 | 72

건달(←Gandharva) | 233

건배사 | 82

건율(乾栗) | 191

걷어붙인다 | 74

걸

　것을 | 72

틀乙(걸을) | 48

검붉다 | 68

것 | 72

것은

　=건 | 72

것을

　=걸 | 72

것이

　=게 | 72

게 | 133

　=것이 | 72

게으르다 | 25

격음 | 89

격조사 | 123, 136

견강부회(牽强附會) | 187

견다 | 63

겸 | 31

겹말 | 108, 147, 174, 225

겹피동 | 150

경신(更新) | 24

경의실

　경의(更衣) | 24

계란 세례 | 212

계시다 | 26

고기 배

　=물고기 배 | 88

고기소 | 35

고깃배

　=고기잡이 배 | 88

고난이도

　→고난도 | 171

고랑 | 33

고로케

　→크로켓 | 35

고마움 | 27

고무(←gomme) | 233

고사성어 | 186

고삼병 | 75

고슴도치 딜레마 | 221

고유어 | 76, 86, 156

고추하다 | 36

고해성사(告解聖事) | 212

고희(古稀) | 58

곤이 | 37

곤지곤지 | 23

곧 | 141

골나다 | 103

골내다 | 103

곱셈식 | 49

곱슬머리(곱슬한 머리) | 68

공경(恭敬) | 181

공기(共起) | 162

공유(共有) | 147

공자 | 188

과/와의 | 123

과거형 | 142

과유불급(過猶不及) | 188

과일 | 85

과잉 교열 | 199

과채 | 85

과채류 | 85

관계없다 | 116

관계있다 | 116

관리하에 | 111

관용어(慣用語) | 162

관형격조사 | 95

관형사 | 149, 211

관형사형 | 111

관형어 | 111, 131, 132, 198

관형적 표현 | 151

괄다 | 63

괘요 | 129

괴다 | 129

괴로움 | 27

괴죠 | 129

교열 | 77, 138, 146, 148, 168, 188,
189, 199

교열 진단 | 138

교열사 | 91, 137

교정 | 199

구어(口語) | 211

구어체 | 127

구어체에서 | 133

구운 고기[炙] | 183

구조어(構造語) | 162

국립국어원 | 86, 97, 142, 222, 226,
230, 233, 235

국립국어원은 | 61

국립민속박물관 | 192

국조오례의(國朝五禮儀) | 192

귀 빠지다 | 113

귀 빠지다/귀빠지다
=태어나다 | 113

귀때기 | 29

귀빠지다
=태어나다 | 113

귀소문 | 66

규빗 | 56

균열(龜裂) | 94, 166

그 | 148

그녀 | 148

그다음 | 111

그닥

　→그다지 | 84

그동안 | 108, 111

그때 | 47

그라포마니아 | 218

그라포마니아(γράφομανία)

　=글쓰기광 | 218

그라포포비아(γράφοφόβια)

　=글쓰기공포증 | 218

그라포필리아(γράφοφιλία)

　=글쓰기 사랑 | 218

그래 | 124, 141

그럴 리(理)가 | 87

그려 | 141

그루 | 28

그리움 | 27

그맘때 | 47

그분 | 148

그슬다 | 98

그을리다 | 98

그중 | 111

그치만

　→그렇지만 | 84

글말 | 171, 211

금(金) | 96

금강산 | 87

금도(襟度) | 166

금슬 | 58

금슬(琴瑟) | 25

금실 | 58

금실(←琴瑟) | 25

금융권 | 158

금자탑(金字塔) | 76

금판때기 | 29

급커브(急curve) | 233

기관(記官) | 199

기본형 | 77, 91

기시감(旣視感) | 220

기여 | 167

기원전 | 117

기원후 | 117

기준시 | 47

긴 부정 | 205

긴짐승 | 81

긴카쿠지 | 219

긴카쿠지(金閣寺) | 219

길 | 56

길리우다

　→길리다 | 77

길짐승 | 81

김칫소 | 35

깃다 | 63

까닭 | 151

까마귀 | 113

까불거리다 | 106

까불다 | 106

까불대다 | 106

까불어 대다 | 106

까불어대다 | 106

까치 | 113

깝죽거리다 | 106

깝죽대다 | 106

깡패(gang牌) | 233

깨나 | 141

깨소 | 35

껍데기 | 78

껍질 | 78

께 | 133

께서 | 134

꼬라지

　→꼴 | 55

꼰대 | 30

꽃망울

　=꽃봉오리 | 42

꽃봉오리 | 42

꽃봉우리

　→꽃봉오리 | 42

꽃피다

　=한창이다 | 113

꿀소 | 35

꿈 같다 | 107

꿈같다 | 107

끝내 주다

　=끝내다 | 113

끝내주다

　=굉장하다 | 113

끼니때 | 47

(ㄴ)

ㄴ | 141

ㄴ들 | 141

ㄴ즉 | 141

ㄴ커녕 | 141

나다 | 103

나라 꼴 | 49

나마 | 126

나무아미타불 | 212

나무조각

　=목조각 | 88

나뭇조각 | 88

나병 | 22

나비눈 | 62

나이테 | 38

난

　=나는 | 97

난생동물 | 37

날뛰다(날듯이 뛰다) | 68

날짐승 | 81

납골당

　→봉안당 | 157

낫다 | 79

낯바대기 | 29

낳다 | 79

내다 | 103

내로남불

　=내가 하면 로맨스, 남이 하면 불륜 |

　97

내비게이션 | 99

내지 | 31

내포문 | 198

내후년

　=후후년 | 117

너댓

　→너덧, 네댓 | 149

너덧 | 149

너라 | 79

너라불규칙용언 | 79

너만 한 | 111

넉가래 | 67

널빤지 | 29

네댓 | 149

네크로필리아(시신애착증) | 218

녘 | 93

노야(老爺) | 30

노여움 | 27

노옹(老翁) | 30

노인(老人) | 30

노존(老尊) | 30

노파(老婆) | 30

논뙈기 | 39

높임 표현 | 153

높임말 | 101, 129

놓여지다

　→놓이다 | 150

놓여진

　→놓인 | 150

뇌전증 | 22

　(←간질병) | 30

누리꾼 | 233

누에씨(잠종) | 37

눈 감다 | 113

눈가래 | 67

눈감다

　=세상을 떠나다 | 113

눈꽃 | 45

눈두덩 | 33

눈물웃음 | 38

눈앞 | 117

는커녕 | 112

늙은이 | 30, 93

능동형 ¦ 198

능력 부정 ¦ 205

님 ¦ 92

(ㄷ)

다 하다

　=끝내다 ¦ 113

다하다

　=끝나다 ¦ 113

단문 ¦ 198, 210

단오빔 ¦ 60

단의성 ¦ 1, 203

단일어 ¦ 82

단절된 과거 ¦ 83

단초(短蛸)

　=주꾸미 ¦ 59

단축키(短縮key) ¦ 200

달걀 ¦ 37

담배 ¦ 31

담배(←tabaco) ¦ 233

대 ¦ 31

대과거 ¦ 83

대기 ¦ 29

대기권 ¦ 158

대다 ¦ 106

대로 ¦ 131

대명사 ¦ 97, 109, 211

대여섯 ¦ 149

대엿 ¦ 149

대요 ¦ 127

대추하다 ¦ 36

대팔초어(大八梢魚)

　=문어 ¦ 59

더 이상 ¦ 201

더러 ¦ 133, 141

더러움 ¦ 27

덕분 ¦ 151

덩쿨

　→덩굴, 넝쿨 ¦ 149

덮밥(덮은 밥) ¦ 68

데 ¦ 114

데요 ¦ 127

데자뷔(déjà vu) ¦ 220

도거리

　=통거리 ¦ 39

도끼눈 ¦ 62

도넛 ¦ 35

독립어 ¦ 198

독사눈 ¦ 62

독수리눈 ¦ 62

돌멩이 세례 ¦ 212

돌아가다 ¦ 32

돌짐승 ¦ 81

동격 ¦ 182

동고동락(同苦同樂) | 186

동사 | 140, 142, 147, 152, 155, 160

동사형 | 182

동안 | 108

동태눈 | 62

돼 | 129

돼서는 | 129

돼요 | 129

되 | 129

되다 | 182, 198

되어 | 129

되죠 | 129

된소리 | 125

두덩 | 33

두둑 | 33

두렁 | 33

두려움 | 27

두세 | 149

두음법칙 | 87, 207, 230

둑

　(논둑, 밭둑) | 33

둔덕

　(우물둔덕, 풀둔덕) | 33

둘둘(돌돌) | 48

둬둬둬

　(돼지) | 23

뒤다 | 63

드시다 | 34

들이켜다 | 80

들짐승 | 81

듯 | 132

듯싶다 | 122

듯이 | 132

딜레마(dilemma) | 221

따라 | 151

따삐빠

　=따지지 말고, 삐지지 말고, 빠지지

　　말자 | 82

따이거 | 204

땅뙈기 | 39

때

　=시(時) | 47

때기 | 29

때문 | 151

떡소 | 35

떼기 | 39

뙈기 | 39

뜻풀이 | 146, 167

띄어쓰기 | 93, 102, 106, 107, 111,

　　112, 115, 118, 122, 124, 131,

　　132, 153

띠다 | 146

(ㄹ)

ㄹ ｜ 141

ㄹ랑 ｜ 141

라이거 ｜ 204

라장조/단조 ｜ 87

랍스터

  =로브스터 ｜ 226

러불규칙 ｜ 204

레디고 ｜ 23

레어(rare)

  =살짝 인힌 ｜ 98

렬, 률 ｜ 94

로브스터

  =랍스터 ｜ 226

르불규칙 ｜ 204

리(厘) ｜ 54

리(厘, 천분율) ｜ 54

리(里) ｜ 54

리을(ㄹ) ｜ 48, 140, 207

(ㅁ)

마라 ｜ 139

마르틴 루터(Martin Luther) ｜ 224

마른 수건 짜기 식 ｜ 49

마시다 ｜ 34

마추다

  →맞추다 ｜ 152

마춤

  →맞춤 ｜ 152

마틴 루서 킹(Martin Luther King) ｜
     224

만 ｜ 114

만 나이 ｜ 156

만 단위 ｜ 173

만두 ｜ 35

만두소 ｜ 35

만치 ｜ 109

만큼 ｜ 109, 131

만터우(饅頭) ｜ 35

말[言] ｜ 187

말라 ｜ 139

말미암아 ｜ 151

맛없다 ｜ 116

맛없다[마덥따] ｜ 99

맛있다 ｜ 116

맛있다[마딛따, 마싣따] ｜ 99

망고하다 ｜ 36

망아리

  →망울 ｜ 42

망울 ｜ 42

  =꽃망울 ｜ 42

망월폐견, ｜ 186

맞다 ｜ 152

맞추다 ｜ 152

맞히다 | 152

매실매실하다 | 36

맺다 | 146

머루눈 | 62

머리방

  =미용실 | 88

머리뼈안 | 40

머릿방

  =안방에 딸린방 | 88

먹다 | 34

먹어 보다 | 110

먹어보다 | 110

먹어지다 | 110

멀티레마(multilemma) | 221

멋없다 | 116

멋있다 | 116

멍우리

  →멍울 | 42

멍울 | 42

메모광(memo狂) | 233

메타세쿼이아 | 28

멱국

  =미역국 | 84

면 | 141

면싸대기 | 29

면후심흑, | 186

멸사봉공 | 186

명란 | 37

명령법 | 101

명령형 | 182, 198, 210

명사 | 82, 147, 201, 209, 211

명사구 | 182, 208

명사형 | 136, 138, 152

몇 냥/냥쭝 | 87

몇 년(年) | 87

몇 리(里) | 87

모(毛, 만분율) | 54

모루 | 56

모음어미 | 136, 155

모음조화 | 130

모음조화 이탈 | 130

목뒤 | 117

목적어 | 131, 147, 152, 178, 198,

    208

몰래길 | 38

못다 한 | 111

몽둥이세례 | 212

몽우리

  =꽃망울 | 42

무릎팍

  →무릎, 무르팍 | 149

무서움 | 27

무정명사 | 133, 134

무표정 | 55

무하다 | 36

묵어(墨魚)

=오징어 | 59

문격(文格) | 223

문법 | 160, 168

문어(文語) | 211

문자 | 211

문자언어(文字言語) | 211

문장 | 147

문장성분 | 131, 168, 178

물돌이

=파문(波紋) | 38

물짐승 | 81

뭍짐승 | 81

뭐예요 | 137

미국달러

→달러 | 28

미시감(未視感) | 220

미안해하다 | 51

및 | 31

및, 대, 겸, 내지 | 31

(ㅂ)

바다짐승 | 81

바오쯔(包子) | 35

박하다 | 36

밖에 | 135

반가움 | 27

반대말 | 133, 206

반려동식물 | 156

반면교사(反面敎師) | 194

반의어 | 117, 206

반진하다

(도교) | 32

반초(飯鮹)

=꼴뚜기 | 59

발화시 | 47

밤소 | 35

밤중(밤中) | 108

방언 | 133

밭떼기 | 39

밭뙈기 | 39

배 속

=배안 | 88

배 안 | 40

배때기 | 29

배안 | 40

배안 안 | 40

배추하다 | 36

배하다 | 36

백분율(%) | 65

백엽(百葉)

=천엽, 처녑 | 58

뱃속

=마음 | 88

버금 | 176

번역체 | 151

번역투 | 123, 146

벌초 | 157

벌초(伐草) | 41

법률상 | 111

벗어부친다 | 74

베개 껍데기 | 78

베이비부머 | 225

베이비붐 | 225

베이비붐세대 | 225

별세하다 | 32

보고 | 133

보늬 | 191

보어 | 147, 182, 198

보이다 | 129

보조동사 | 32, 82, 106, 110, 170

보조사 | 124, 125, 126, 134

보조용언 | 106, 122, 150, 160, 205

보조형용사 | 82, 122

복란 | 37

복문 | 210

복세편살

=복잡한 세상 편하게 살자 | 84

복수 | 180, 226

복수 표현 | 174

복수표준어 | 20, 159

복합어 | 82, 90, 99, 108, 117

복합조사 | 123

본(本) | 28

본동사 | 170

본용언 | 82, 122

볼때기 | 29

봉안당 | 157

봉오리

=꽃봉오리 | 42

봉우리

=산봉우리 | 42

봬요 | 129

뵈다 | 129

부기(浮氣) | 155

부사 | 124, 126, 136, 201

부사격 조사 | 133

부사어 | 131, 147, 198

부사적 표현 | 151

부슬비(부슬부슬 내리는 비) | 68

부실(不實) | 86

부정 표현 | 205

부정부사 | 205

부정어 | 206

부정자(副正字) | 199

부주의 맹시 | 189

부치다 | 74

부친(父親) | 154
부화(孵化)하다 | 193
부화율(孵化率) | 94
북극권 | 158
북한어 | 108
분수(分數) | 43
붇다 | 155
불(不) | 86
불(弗)
　→달러 | 28
불규칙 | 155
불규칙활용 | 79
불리우다
　→불리다 | 77
붓기
　→부기(浮氣) | 155
붓다 | 155
붕어/승하하다
　(임금) | 32
붙이다 | 74
뷀
　=부엌 | 84
브라보 | 23
브라운(brown) | 98
비논리 | 168
비문 | 182, 189
비문(非文) | 168

비문법 | 168, 199
비상시 | 47
비속어 | 73
비수도권 | 158
비어 | 73
비웃알 | 37
비읍불규칙 | 27, 77
비읍불규칙활용 | 91
비장애인 | 214
비추다 | 44
비치다 | 44
비통사적 | 103
비통사적합성어 | 68
비표준어 | 77, 91, 138, 149, 152
비호응 | 168
빗쟁이 | 46
빛나다 | 44
빛내다 | 44
빛부시다 | 38
빛없다 | 116
빛있다 | 116
빠이빠이 | 23
빨개 | 130
빨게 | 130
빵(←pão) | 233
빼앗다 | 130
빼앗아 | 130

뺏다 | 130

뺏어 | 130

뿐 | 131

(ㅅ)

사건시 | 47

사과 | 163

사과하다 | 36

사동 | 100

사동 형성 접미사 | 178

사동사 | 103, 152

사동형 | 100, 152, 198

사사하다 | 164

사약(賜藥) | 166

사열하다 | 164

사이시옷 | 76, 86, 90, 96, 111, 153,
    202, 230

사자성어 | 186, 187, 188, 190, 193

산들바람(산들 부는 바람) | 68

산봉오리

  →산봉우리 | 42

산봉우리 | 42

산빛 | 38

산소 | 157

산짐승 | 81

살 | 156

살다 | 32

살살(쌀쌀) | 48

삶 | 32

삼성가노 | 186

삼수갑산(三水甲山) | 186

삼인성호 | 186

상고대

  =수상(樹霜), 수빙(樹氷) | 45

상관없다 | 116

상관있다 | 116

상대(上待) | 101

상대어 | 116, 206

상속자

  ↔피상속자 | 46

상태 부정 | 205

상판대기 | 29

상판때기

  →상판대기 | 29

새 을(乙) | 48

새로에 | 141

새벽녘 | 93

새별(북한어)

  =신성 | 88

새서방

  =신랑 | 88

색연필[생년필] | 99

샛별

  =금성, 신성 | 88

샛별눈 ¦ 62

샛서방

　=내연남 ¦ 88

생률(生栗) ¦ 191

생일빔 ¦ 60

생활권 ¦ 158

생활의 달인 ¦ 78

서거하다

　(국가원수 등) ¦ 32

서껀 ¦ 141

서너 ¦ 149

서러움 ¦ 27

서리 ¦ 45

서방님 앞(ㅅ/ㅂ/ㄴ/오) ¦ 207

서법 ¦ 101, 204

서술격조사 ¦ 136, 204

서술성 명사 ¦ 208

서술어 ¦ 136, 137, 147, 182, 198

서캐 ¦ 37

서포동해(西脯東醢) ¦ 192

선공후사 ¦ 186

선당후사 ¦ 186

선대부인(先大夫人) ¦ 153

선대인(先大人) ¦ 153

선번(sunburn) ¦ 98

선산 ¦ 157

선어말어미 ¦ 83, 101, 140

선영 ¦ 157

선영하 ¦ 157

선자(先慈) ¦ 153

선종하다

　(가톨릭) ¦ 32

선친(先親) ¦ 153, 154

선탠(suntan) ¦ 98

선행어 ¦ 108

설마(雪馬) ¦ 81

　→썰매 ¦ 58

설빔 ¦ 60

설사약 ¦ 46

설익다(설게 익다) ¦ 68

성균관 ¦ 192

성나다 ¦ 103

성내다 ¦ 103

성대모사(聲帶模寫) ¦ 186

성묘 ¦ 157

성싶다 ¦ 122

성에 ¦ 45

성찬(聖餐) ¦ 212

성층권 ¦ 158

세 얼간이(3 Idiot) ¦ 53

세(歲) ¦ 156

세대(世代) ¦ 28

세례(洗禮) ¦ 212

세로쓰기 ¦ 138

세면(洗面) | 41

세미나 | 232

세상을 뜨다 | 32

세수(洗手) | 41

션찮다

　=시원찮다 | 84, 97

소

　(송편, 만두, 김치) | 35

소천하다

　(기독교) | 32

소팔초어(小八鮹魚)

　=낙지 | 59

속어 | 73

손 | 141

손안 | 40

솔다 | 63

솜방망이 식 | 49

송곳눈 | 62

송판때기 | 29

수관형사 | 149, 156

수도권 | 158

수도권 지역

　→수도권 | 158

수란 | 37

수목장 | 157

수박하다 | 36

수빙(樹氷)

=상고대 | 45

수상(樹霜)

　=상고대 | 45

수식어 | 176

수입산 쇠고기

　→수입 쇠고기, 외국산 쇠고기 | 159

수캐 | 40

수프 | 155

숙다 | 63

숙률(熟栗)

　=삶은 밤 | 191

순대국밥 | 90

순댓국 | 90

순댓국밥 | 90

순우리말 | 117, 235

순화어 | 235

술지개미 | 35

숨을 거두다 | 1

숨지다 | 32

숫자 | 173

숫자 놀음 | 173

숟- | 89

쉬 | 37

쉼표(,) | 188

스키복(ski服) | 233

승부수 | 171

승부욕

→승리욕 | 171

승부처 | 171

승부하다

　→승부를 겨루다, 승부를 가리다 |

　171

시(匙) | 190

시(時)

　=때 | 47

시다바루(르+우)여러해

　→ㅅ, ㄷ, ㅂ, 르, 우, 여, 러, ㅎ | 79

시려워

　→시리어, 시려 | 91

시렵다

　→시리다 | 91

시리다 | 91

시발남아(時發男娥) | 186

시옷불규칙용언 | 79

시제 | 204

식해(食醢) | 192

식혜(食醯) | 192

신기록 | 24

申乭石(신돌석) | 48

심리 상태 | 160

심리형용사 | 160

십리(十里) | 54

십반일시(十飯一匙) | 190

십시일반(十匙一飯) | 190

싱가포르달러 | 28

싱겁이 | 53

싶다 | 122, 160

싸나움 | 27

싸움 | 27

쏘空(쌀알) | 48

쌍(雙) | 209

썰매 | 81

쌔요 | 129

쐬죠 | 129

쑥대밭 | 175

쓿다 | 63

씨 | 92

씩씩거리다 | 106

씩씩대다 | 106

(ㅇ)

아녜요

　=아니에요 | 137

아는 체하다 | 50

아니다 | 137, 198

아니에요

　=아녜요 | 137

아니예요

　→아니에요 | 137

아니오 | 137

아니요 | 23, 137

아니오(×) | 23

아라비아숫자 | 118, 156

아르(R) | 226

아버님 | 92, 154

아버지 | 92, 154

아빠 | 154

아쉬움 | 27

아이구

(애고) | 23

아이구머니

(애고머니) | 23

아이스케키 | 23

아전인수(我田引水) | 187

아침때 | 47

악센트 | 232

안 갚음 | 113

안 돼 | 129

안 받음 | 113

안 해 | 129

안갚음 | 113

=효도하다 | 113

안받음 | 113

효도 받음 | 113

안성마춤

→안성맞춤 | 152

안성맞춤 | 152

안팎 | 40

알(R) | 226

알[卵] | 37

알나리깔나리

(얼레리꼴레리×) | 23

알아맞추다

→알아맞히다 | 152

알아맞히다 | 152

알은체하다 | 50

알타리무

→총각무 | 73

암(수)캉아지 | 89

암(수)캐 | 89

암(수)탉 | 89

암(수)탕나귀 | 89

암(수)퇘지 | 89

암(수)평아리 | 89

암캐 | 40

앙꼬(anko, 餡子)

→팥소 | 35

앙천대소 | 186

앙코르와트 | 36

앞 | 117

앞앞 | 117

애

=아이 | 97

애통하는(슬퍼하는) | 51

애통하다 | 51

애통한(슬픈) | 51

애통해하다 | 51

앰한

　=애매한 | 84

야누스(Janus) | 114

야드 | 56

야반도주(夜半逃走) | 186

약마복중 | 186

약어 | 84, 97

양념소 | 35

양두구육 | 186

양성모음 | 130

양수겸장(兩手兼將) | 186

얘기

　=이야기 | 97

어간 | 126, 132, 136, 142

어두움 | 27

어려움 | 27

어르신 | 30

어리굴젓 | 53

어리다[幼] | 41, 53

어리다[愚] | 53

어리석다 | 53

어리석다(愚) | 41

어릿광대 | 53

어말어미 | 140

어문규범 | 110, 168

어문규정 | 90, 136

어미 | 93, 109, 112, 124, 126, 132,

　　136, 137, 140, 211

어미 놀음 | 140

어미 활용 | 140

어순 | 131

어안이 벙벙하다 | 52

어이 | 52

어이없다 | 52

어처구니 | 52

어처구니없다 | 52

어케

　→어떻게 | 84

언어(言語) | 211

언어습관 | 233

언어학 | 177

언행(言行) | 187

얼간이

　↔얼찬이 | 53

얼굴바대기 | 29

얼쑤

　=얼씨구 | 84

얼씨구

　=얼쑤 | 84

얼찬이

　↔얼간이 | 53

엄마 | 154

없다 | 26, 116

에 | 133

에게서 | 133

에누리 | 46

에디팅(editing) | 199

에서 | 134

에서의 | 123

에의 | 123

여남 | 149

여남은 | 149

여덟아홉 | 149

여보게 | 23

여봐요 | 23

여부 | 172

여부(與否) | 172

역임(歷任) | 161

역임하다 | 161

연 나이 | 156

연결어미 | 109, 128, 132, 136, 140

연란 | 37

연어 | 178

연어(連語) | 162

연중(年中) | 108

열아홉 | 149

열, 율 | 94

열다 | 146

열반/입적하다

(불교) | 32

엽소 | 23

영감탱이 | 30

영면하다 | 32

영서연설(郢書燕說) | 189

예 | 23, 137

예닐곱 | 149

예초(刈草) | 41

오랍

　=오라버니 | 84

　　오라버니 | 97

오래전 | 111, 117

오랫동안 | 108

오류 | 138

오르내리다(오르고 내리다) | 68

오름 | 33

오리(五厘) | 54

오시일반(五匙一飯) | 190

오탈자 | 199

온라인가나다 | 235

올바름 | 228

와

　=우아 | 84

완경

　(←폐경) | 30

완곡 | 163

외국어 | 233

외래어 | 76, 87, 222, 227, 230, 235

외래어 표기 용례 | 219

외래어표기법 | 222, 224, 228, 229,
　　232

외소박이

　=오이소박이 | 84

외손주 | 61

외율(煨栗)

　=군밤 | 191

외할머니 | 61

요 | 125, 141

요맘때 | 47

요요요

　(강아지) | 23

용언 | 137, 155, 204, 205, 208

우리말샘 | 90, 231

우물둔덕 | 33

우셋거리 | 93

우아

　=와 | 84

운명하다 | 32

울

　=우리 | 84

웃어른 | 99

웃음 | 20

웃프다 | 55

웃픈 표정 | 55

워드퍼즐 | 152

워리

　(개) | 23

워크숍 | 232

월중(月中) | 108

위인설법 | 186

윗어른

　→웃어른 | 99

유감 | 163

유사시 | 47

유음 | 207

유전자가위(CRISPR) | 116

육회[膾] | 183

윤문 | 199

윤문(潤文) | 168

율자(栗子) | 191

율황(栗黃) | 191

으나마 | 126

으뜸 | 176

(으)로부터 | 133

으탈락 | 204

은/는 | 134

을랑 | 141

음성 | 211

음성모음 | 130

음성언어(音聲言語) | 211

음소 | 207

음역(音譯) | 48

음운변동 | 97

음절 | 205

응우옌(Nguyên) | 219

의문형 | 198

의미 이동 | 41

의미 축소 | 41

의미 확대 | 41

의성어 | 64

의성의태어 | 64

의존명사 | 92, 93, 108, 109, 114,
　　118, 125, 131, 132

의존어 | 109

의지 부정 | 205

의태어 | 64

이 | 93

이 같은 | 111

이(異)문자 합성어 | 200

이/가 | 134

이나 | 135

이나마 | 126

이다 | 63, 136, 137, 198

이따가 | 26

이때 | 47

(이)라서 | 134

이맘때 | 47

이불 껍데기 | 78

이불때기 | 29

이슬로 사라지다 | 32

이중동사 | 32

이중피동 | 150

이중피동형 | 150

이프 온리 신드롬(If only syndrome) |
　　128

인간 편집(Editing Humanity) | 116

인디안(Indian) | 229

인디언(Indian) | 229

인용절 | 139

인정사정 없다
　　→인정사정없다 | 116

인지저하증 | 22

인지흐림증 | 22

인치 | 56

인하여 | 151

일고여덟 | 149

일랑 | 141

일본어 | 123, 223

일사불란(一絲不亂) | 186

일시십반(一匙十飯) | 190

일여덟 | 149

林居叱正(임거질정)
　　=임꺽정(林巨正) | 48

林특正(임걱정)
　　=임꺽정(林巨正) | 48

임꺽정(←林巨正)

　=林居叱正(임거질정) | 48

임종하다 | 164

입때 | 47

입말 | 171, 211

입소문 | 66

입안 | 40

입학식 | 49

입화습률(入火拾栗) | 191

있다 | 116

　계시다, 있으시다 | 26

있다가 | 26

있슴

　→있음 | 138

있습니다 | 138

있으시다 | 26

있음 | 138

(ㅈ)

자 | 56, 92

자공 | 188

자당(慈堂) | 153

자동사 | 198

자립어 | 109

자메뷔(Jamais vu) | 220

자몽하다 | 36

자문(諮問) | 165

자문하다 | 164

자오쯔(餃子) | 35

자음어미 | 155

자음접변 | 130

자장면

　=짜장면 | 73

자친(慈親) | 153

작란 | 37

작렬(炸裂) | 94

작열(灼熱) | 94

乽(잘) | 48

잘 못하다

　=잘 하지 못하다 | 113

잘 살다

　=행복하게 살다 | 113

잘/안/못+되다 | 115

잘/안/못+하다 | 115

잘나다 | 142

잘못하다

　=그릇되다 | 113

잘살다

　=부유하다 | 113

잘생기다 | 142

잠들다 | 32

잡수시다 | 34

장례문화 | 157

장애인 | 214

(←비정상인) | 30

재미없다 | 116

재미있다 | 116

재수 없다 | 116

재수 있다 | 116

저녁때 | 47

저만치 | 109

저만큼 | 109

전(前) | 117

전망 | 167

전망이다 | 168

전문의의 의술 | 95

전사(轉寫) | 233

전성어미 | 111, 138, 140

전세가 | 96

전세금 | 96

전셋값 | 96

전셋돈 | 96

전전(前前) | 117

전후(前後) | 117

전후방 | 117

절(節) | 139

절체절명(絶體絶命) | 186

점심때 | 47

접두사 | 89, 209

접때 | 47

접목시키다

→접목하다 | 100

접목하다 | 164

접미사 | 77, 82, 93, 100, 114, 118,
150, 158, 159, 178, 230

접사 | 92, 93, 106, 112, 118, 147,
180, 208

접속문 | 198

접수(接受) | 165

접수시키다

↔접수하다 | 46

접수하다

↔접수시키다 | 46

정보통신 | 230

정신분열증 | 22

제- | 112

제4차 | 111

제·개정

→제정·개정 | 169

제곱미터(㎡)

(평방미터×) | 28

제공하다 | 170

조개껍데기 | 78

조개껍질 | 78

조란 | 37

조부모 | 181

조사 | 93, 107, 109, 112, 124, 126,
131, 133, 137, 141, 189, 211

조율(棗栗)

=폐백(幣帛) | 191

조율이시(棗栗梨枾) | 191

조현병 | 22

존댓말 | 111

존재사

있다, 없다, 계시다 | 26

졸리우다

→졸리다 | 77

종결어미 | 79, 125, 127, 139, 140, 142

좌포우해(左脯右醢) | 192

좌포우혜(左脯右醢) | 192

좨요 | 129

죄다 | 129

죄죠 | 129

죔죔 | 23

주(株) | 28

주격조사 | 134

주기(週忌) | 162

주년(週年) | 162

주동사 | 103, 178

주동형 | 100, 198

주먹세례 | 212

주성분 | 147

주어 | 134, 147, 160, 182, 198

주중(週中) | 108

주착(主着)

→주책 | 58

죽다 | 32

죽음 | 32

준말 | 97, 124, 130, 132, 208

줄탁동시(啐啄同時) | 193

중(中) | 108

중가운데(북한어)

→한가운데 | 108

중의성 | 203, 213

쥐뿔도 모른다 | 52

즐거움 | 27

증감률

→증가율, 감소율 | 171

증자살인 | 186

지 | 114

지, 만, 간, 데 | 114

지내다 | 161

지니다 | 146

지다 | 82

지록위마 | 186

지수 | 65

지천(至賤) | 166

지체장애인 | 214

지칭 | 154

=가리키는 말 | 92, 148

지칭(가리키는 말) | 30

직접인용절 | 139

직책+님 | 92

진도개 | 88

진돗개 | 88

진위 | 172

집짐승 | 81

짜장면

=자장면 | 73

짝 | 209

짠돌이/짠순이 | 53

짧은 부정 | 205

(ㅊ)

차(次) | 118

참 | 57

찻잔 | 86

창난 | 37

창난젓갈 | 37

창란젓갈

→창난젓갈 | 37

채 | 28

채신머리없다 | 116

처녑

=천엽, 백엽 | 58

천엽(千葉)

=처녑, 백엽 | 58

첩어(疊語) | 174

청유형 | 182, 198, 210

청자 | 124, 127, 160

체신머리없다

→채신머리없다 | 116

체언 | 109, 124, 126, 136

초(焦) | 175

초미(焦眉) | 175

초점(焦點) | 175

초토화(焦土化) | 175

총각무 | 73

최고기록 | 24

추가경정예산안

(추가갱정예산안×) | 24

추석빔 | 60

축약 | 97

춘부장(春府丈) | 153

출렁거리다 | 106

출렁대다 | 106

출산율(出産率) | 94

출생률(出生率) | 94

취·등록세

→취득·등록세 | 169

치르다 | 146

치매 | 22

친손주 | 61

친할머니 | 61

칠부바지

→칠분바지 ¦ 43

칠삭둥이

　=칠푼이, 칠푼 ¦ 43

칠푼 ¦ 43

칠푼이 ¦ 43

(ㅋ)

캐나다달러 ¦ 28

캐비아(caviar)

　(철갑상어 알) ¦ 37

커트(cut) ¦ 229

컵(cup) ¦ 233

컷 ¦ 23

컷(cut) ¦ 229

케사디아(quesadilla) ¦ 231

코안 ¦ 40

콘퍼런스 ¦ 232

콩소 ¦ 35

쿼드릴레마(quadrilemma) ¦ 221

크로켓(croquette) ¦ 35

킨카쿠지(金閣寺)

　→긴카쿠지 ¦ 219

(ㅌ)

타계

　(←사망) ¦ 30

타계하다

(예술인 등 귀인) ¦ 32

타다 ¦ 175

타동사 ¦ 147, 198

타산지석(他山之石) ¦ 194

타이거 ¦ 204

타이곤 ¦ 204

탈락 ¦ 207

탓 ¦ 151

태생동물 ¦ 37

태어나다 ¦ 193

택시비(taxi費) ¦ 233

테이블보(table褓) ¦ 233

토끼눈 ¦ 62

츤(톤) ¦ 48

톱 ¦ 63

통거리

　=도거리 ¦ 39

톺다 ¦ 63

튀르키예어 ¦ 219

트릴레마(trilemma) ¦ 221

(ㅍ)

파각파각 ¦ 64

파문(波紋)

　=물돌이 ¦ 38

파열(破裂) ¦ 94

파이팅 ¦ 23

파하다 | 36

판대기(×)

　→판때기 | 29

판때기 | 29

팔초어(八稍魚)

　=문어 | 59

팥소 | 35

퍼밀(천분율) | 54

퍼밀리아드(만분율) | 54

퍼센트(%) | 65

퍼센트(백분율) | 54

퍼센트포인트(%포인트, %point, %p) |
　65

펜탈레마(pentalemma) | 221

폄하(貶下) | 25

폄훼(貶毁) | 25

평(坪) | 28

평대(平待) | 101

평방미터

　→제곱미터 | 28

평상시 | 47

평서형 | 198

평안감사(平安監司) | 186

포기 | 28

포도하다 | 36

포인트(p) | 65

포커페이스 | 55

표때기 | 29

표상(表象) | 194

표준국어대사전 | 78, 90, 97, 146,
　192, 212

표준어 | 91, 97, 101, 130, 133, 138,
　149, 233

푼

　←분(分) | 43

푼(分, 백분율) | 54

푼수

　←분수(分數) | 43

푼수(←分數) | 43

풀둔덕 | 33

품사 | 124, 131

풍비박산(風飛雹散) | 186

풍장 | 157

프루프리딩(proofreading) | 199

피난(避難) | 179

피녀 | 148

피다 | 178

피동형 | 150, 198

피라미드 | 76

피란 | 179

피상속자

　↔상속자 | 46

피트 | 56

필수 성분 | 147

필수부사어 | 147

필요시 | 47

(ㅎ)

하게 | 101

하다 | 140

하대(下待) | 101

하라 | 139

하란 | 37

하세요 | 101

하셔요 | 101

하이브리드(hybrid)

　=혼종 | 204

하죠 | 129

학교문법 | 26, 97, 137

학여울[항녀울] | 99

학용품[하공품] | 99

한가운데

　=한중간 | 108

한국 나이 | 156

한국식 | 49

한국어 | 153

한글 프로그램 | 200

한글맞춤법 | 91, 101, 106, 110, 126,
　　173, 190

한동안 | 108

한두 | 149

한때 | 47

한몫 | 167

한센병 | 22

한센인

　(←나환자) | 30

한자어 | 76, 86, 117, 156, 230, 235

한자음 | 234

한중간

　=한가운데 | 108

한창때 | 47

한탄강(恨歎江) | 68

한테 | 133

할(割, 십분율) | 54

할걸 | 125

할게 | 125

할껄

　→할걸 | 125

할께

　→할게 | 125

할래야

　→하려야 | 140

할려야

　→하려야 | 140

할망구 | 30

할머니 | 30

할아버지 | 30

함께 | 147

함께하다 | 102

합성동사 | 32

합성어 | 103, 107, 116

핫키(hot key) | 200

해돌이

　→나이테 | 38

해라 | 101, 139

해란 | 37

해서는 | 129

해요 | 101, 129

해장국 | 68

해정(解酲)국

　→해장국 | 68

해치 | 81

해치(獬豸)

　→해태 | 73

해태 | 81

행동[行] | 187

행복해하다 | 51

헛소문 | 66

헤도헌(gedogen)

　=눈감아 주다 | 201

헬리콥터맘(helicopter mom) | 151

헹가래 | 67

현재형 | 160

혈혈단신(孑孑單身) | 186

형용사 | 137, 142, 160, 182, 198

형태소 | 106, 109, 126, 132

호(戶) | 28

호(號) | 118

호박하다 | 36

호칭 | 154

　=부르는 말 | 92

호칭(부르는 말) | 30

혹세무민 | 186

혼잡시 | 47

홀몸노인

　(←독거노인) | 30

홍어찜 | 83

홍콩달러 | 28

화나다 | 103

화내다 | 103

화병(火病) | 103

화자 | 127, 160

확·포장

　→화장·포장 | 169

환경미화원

　(←청소부) | 30

활용 | 137, 140, 142, 155, 178, 204

활용 어미 | 126

활용형 | 208

홧병

　→화병 | 103

황당하다 | 51

황당해하다 | 51

황혼시 | 47

회자(膾炙) | 183

회자되다 | 183

효(孝) | 181

효도 | 113

효도(孝道) | 181

후(後) | 117

후안무치 | 186

후후(後後) | 117

후후년

　=내후년 | 117

훈민정음 서문 | 41

흑장미(黑薔薇) | 68

박재역의
맛있는 우리말 200

© 박재역, 2023

1판 1쇄 인쇄__2023년 10월 10일
1판 1쇄 발행__2023년 10월 20일

지은이__박재역
펴낸이__홍정표
펴낸곳__글로벌콘텐츠
　　　　등록__제25100-2008-000024호

공급처__(주)글로벌콘텐츠출판그룹
　　　　대표_홍정표 이사_김미미 편집_임세원 강민욱 백승민 권군오 기획·마케팅_이종훈 홍민지
　　　　주소__서울특별시 강동구 풍성로 87-6 전화__02) 488-3280 팩스__02) 488-3281
　　　　홈페이지__http://www.gcbook.co.kr
　　　　이메일__edit@gcbook.co.kr

값 17,000원
ISBN 979-11-5852-400-5 03710